职业教育城市轨道交通理实一体化系列教材

城市轨道交通服务礼仪

主　编　孟　源　王秀琴　刘宏伟
副主编　成姝蓉　平莹莹　吴　波
参　编　苏小宇　王　喆　何　铁
　　　　赵丽婕　田　宁　申静波
　　　　郭　肇　苏丽静　梁旭敏

机械工业出版社

本教材以实际工作任务为引领,以城市轨道交通专业群所对应的服务岗位对工作过程中的标准化作业流程及安全生产要求为主线,以岗位真实需求为结果导向进行全书内容的整理编撰。同时为了从本质上提升学生的学习主动性,全书融入了职业素养训练,提升学生对我国礼仪文化的自信,提高学生的学习积极性。全书包含四个项目,分别为城市轨道交通服务礼仪的认知、城市轨道交通服务人员仪容仪表的训练、城市轨道交通服务人员仪态礼仪的训练、城市轨道交通服务人员实务礼仪的演练。每个项目分为若干任务并配以实训内容及实训工单。本教材按照项目教学的思维进行编写,课程内容循序渐进、分门别类、突出重点,便于学习,致力于培养可以胜任城市轨道交通服务工作的高素质人才。

本教材可作为城市轨道交通类相关专业的教学用书,也可供企业技术人员学习参考。

图书在版编目（CIP）数据

城市轨道交通服务礼仪/孟源,王秀琴,刘宏伟主编. —北京:机械工业出版社,2023.7

职业教育城市轨道交通理实一体化系列教材

ISBN 978-7-111-73606-6

Ⅰ.①城… Ⅱ.①孟… ②王… ③刘… Ⅲ.①城市铁路-铁路运输-服务人员-礼仪-高等职业教育-教材 Ⅳ.①F530.9

中国国家版本馆 CIP 数据核字（2023）第 141523 号

机械工业出版社（北京市百万庄大街 22 号　邮政编码 100037）
策划编辑：于志伟　　　　　　　责任编辑：于志伟　单元花
责任校对：刘雅娜　张　薇　　　封面设计：张　静
责任印制：郜　敏
北京瑞禾彩色印刷有限公司印刷
2023 年 10 月第 1 版第 1 次印刷
184mm×260mm · 11.25 印张 · 256 千字
标准书号：ISBN 978-7-111-73606-6
定价：48.00 元（含任务工单）

电话服务　　　　　　　　　　网络服务
客服电话：010-88361066　　　机　工　官　网：www.cmpbook.com
　　　　　010-88379833　　　机　工　官　博：weibo.com/cmp1952
　　　　　010-68326294　　　金　书　网：www.golden-book.com
封底无防伪标均为盗版　　　机工教育服务网：www.cmpedu.com

前　言

　　城市轨道交通系统是促进城市发展的重要基础设施，其正常运营与城市的正常运行、市民的日常工作生活及地方经济的发展密不可分。本教材是在深入推进"工学结合，校企合作"人才培养模式的大背景下，充分考虑了我国城市轨道交通行业快速发展的实际情况而编写的。

　　本教材以培养职业能力为核心，以工作实践为主线，以工作过程（项目）为导向，用任务进行驱动，建立以行动（模块化的服务礼仪）体系为框架的现代课程结构，对课程内容重新排序，做到陈述性（显性）知识与程序性知识并重，将陈述性知识穿插于程序性知识之中，践行理论与实践一体化的教学原则。本教材以国家目标和战略需求为导向，以专业人才培养目标为依据，紧紧围绕教学改革的要求，将习近平新时代中国特色社会主义思想和党的二十大精神融入书中。全书以中华民族传承的礼仪美为线索进行课程开发，引导学生向善向美，树立正确的社会主义核心价值观，养成良好的职业素养，力求做到体系规范、内容先进、知识实用、使用灵活。

　　本教材兼顾了高职学生能力培养的需要，注重中国礼仪文化，将教学与车站服务礼仪紧密结合，以"必须、实用、够用"为度，强调高职特色，内容丰富、图文并茂、深入浅出。

　　本教材由太原城市职业技术学院孟源、太原旅游职业学院王秀琴、太原轨道交通发展有限公司刘宏伟担任主编，太原城市职业技术学院成姝蓉、太原旅游职业学院平莹莹、太原中铁轨道交通运营有限公司吴波担任副主编，太原重工轨道交通设备有限公司苏小宇、太原市政公用工程质量安全站（太原市轨道交通建设服务中心）王喆，太原城市职业技术学院何铁、赵丽婕、田宁、申静波、郭肇、苏丽静，山西典馨雅教育科技有限公司梁旭敏参与编写。

　　本教材在编写过程中，广泛征求有关院校、服务礼仪培训机构、有关地铁公司及智库专家等对编写大纲的意见，并得到了有关部门和领导的指导和帮助，同时参考了一些著作与文献，在此一并向相关作者表示诚挚谢意。

　　由于编者水平所限，书中错误及不足之处在所难免，敬请读者批评指正。

编　者

二维码清单

名称	图形	名称	图形
专用通道岗位练习		坐姿演示	
垂直电梯引导作业标准演示		城市轨道交通站务服务礼仪操	
客运服务人员发型整理展示		客服中心服务标准流程	
岗位作业标准演示		客运服务人员妆容作业演示	
引导礼仪演示		引导乘电梯	
着装标准演示		电话服务礼仪	
站务人员佩戴饰品的要求		站务人员佩戴工牌要求	

二维码清单

（续）

名称	图形	名称	图形
站务服务人员仪容仪表要求		站务服务人员手部标准	
站务服务人员的面容标准		站台岗接发列车作业标准演示	
站姿演示		行姿演示	
走廊引导+楼梯引导		蹲姿展示	
递接物品演示		避让作业演示	

目 录

前言

二维码清单

项目一　城市轨道交通服务礼仪的认知 ·· 1
　　任务一　城市轨道交通服务礼仪概述 ·· 2
　　任务二　城市轨道交通服务礼仪的基本理论及应用 ································ 6

项目二　城市轨道交通服务人员仪容仪表的训练 ·· 13
　　任务一　城市轨道交通服务人员职业妆 ··· 14
　　任务二　城市轨道交通服务人员神态的修炼 ······································· 22
　　任务三　城市轨道交通服务人员服饰及饰品的选配 ······························ 26

项目三　城市轨道交通服务人员仪态礼仪的训练 ·· 31
　　任务一　城市轨道交通服务人员站姿的训练 ······································· 32
　　任务二　城市轨道交通服务人员坐姿的训练 ······································· 39
　　任务三　城市轨道交通服务人员行姿的训练 ······································· 46
　　任务四　城市轨道交通服务人员蹲姿的训练 ······································· 51
　　任务五　城市轨道交通服务人员手势的训练 ······································· 55
　　任务六　城市轨道交通服务人员手信号的训练 ···································· 59

项目四　城市轨道交通服务人员实务礼仪的演练 ·· 67
　　任务一　城市轨道交通电话服务礼仪演练 ·· 68
　　任务二　城市轨道交通问询服务礼仪演练 ·· 73
　　任务三　城市轨道交通安检服务礼仪演练 ·· 79
　　任务四　城市轨道交通引导服务礼仪演练 ·· 85
　　任务五　城市轨道交通交谈服务礼仪演练 ·· 92
　　任务六　城市轨道交通售票服务礼仪演练 ·· 97
　　任务七　城市轨道交通检票服务礼仪演练 ·· 103
　　任务八　城市轨道交通接发列车服务礼仪演练 ···································· 109

参考文献 ·· 115

城市轨道交通服务礼仪任务工单

项目一

城市轨道交通服务礼仪的认知

【教学引导】

我国具有5000多年的文明史,素有"文明古国,礼仪之邦"之称。地铁是城市流动的风景线,是城市文明的窗口。学生通过学习站务服务和站务服务礼仪的基本内容,能重礼、知礼、学礼、用礼。本项目通过我国源远流长的礼仪文化来激发学生探索礼仪内涵的兴趣,培养学生的文化自信、爱国情操、责任感,使学生具有正确的服务意识观和服务价值观;通过横向专业课的理论知识补充及纵向企业实习训练,使学生成为知行合一、工学结合、德才兼备的服务人才,在服务岗位上不忘初心,让城市轨道交通服务更上一层楼。城市轨道交通服务礼仪示意,如图1-1所示。

图1-1 城市轨道交通服务礼仪示意

任务一 城市轨道交通服务礼仪概述

【学习目标】

1. 了解礼仪的含义、功能及特征。
2. 掌握礼仪的分类及意义。

【情境导入】

随着城市交通的迅猛发展,地铁为人们的出行提供了快捷与便利,它不仅是一座城市交通发展程度的标志,而且是一扇观察城市文明的"窗口",如图1-2所示。在大力发展轨道交通的同时,如何治理地铁内乘客的不文明行为,提升乘客素养,已经成为地铁运行的现实问题。

《城市轨道交通客运组织与服务管理办法》的出台,不仅在内容上更加细化,而且在措施上更具有针对性和可行性。虽然制度具有一定的外在约束力,但更多的是要乘客具有文明出行、方便他人的意识,共同抵制"地铁陋习"。

市民的文明决定了城市的文明,城市的文明又反映了社会的素质和文明程度。我们不仅仅是社会的个体,更对文明社会的发展起着至关重要的作用。所以,请规范自己的行为,让

项目一　城市轨道交通服务礼仪的认知

图 1-2　城市文明的"窗口"

我们的社会更加有温度。

案例思考与小组讨论：如何理解城市涵养？哪些行为属于地铁陋习？

一、礼仪的含义

礼仪是在人类的生产生活中逐步形成的。礼仪是礼节、礼貌、仪态、仪式的总称。礼仪是人们在社会交往活动中，为了相互尊重，在礼节、礼貌、仪态、仪式方面约定俗成的、共同认可、自觉意识的行为规范。

二、礼仪的功能

礼仪的意义在于它的社会功能。礼仪是调节和处理不同地域、不同职业、不同身份、不同年龄等的人类相互关系的工具。礼仪渗透于社会生产与生活的方方面面，一般来说主要具有以下四种功能。

1. 沟通功能

礼仪既是文明的外化，又是沟通的开始。在人们的社会交往中，只要双方都遵守礼仪规范，就可以很容易地进行沟通。

2. 协调功能

古人讲，"礼者，敬人也。"礼仪是一种待人接物的行为规范，也是交往的艺术。礼仪对人类之间的交流模式起着规范、约束和及时调整的作用。俗话说"礼多人不怪"，良好的礼仪可以化解人际纠纷、解决人际矛盾，建立新的关系模式。可见，礼仪有协调人际关系，发展健康良好的人际关系的作用。

3. 维护功能

礼仪是社会文明发展程度的反映和标志，同时它作为一种行为规范，不但对社会的风尚产生广泛而深刻的影响，而且对人们的社会行为具有很强的约束作用。礼仪一旦形成，久而久之，便成为社会的习俗和行为规范。任何一个生活在某种礼仪习俗和规范环境中的人，都会自觉或不自觉地受到该礼仪的影响与约束。礼仪规范教给人们处理人际关系的具体方法：

在一定的环境中如何站、坐、笑、打扮与着装、倾听、说话等。礼仪主要维护和发展人与人之间的良好关系。

4. 教育功能

《春秋左传正义》中写道:"中国有礼仪之大,故称夏;有服章之美,谓之华。"礼仪通过它的包容性和美感感染着每一位华夏子孙。礼仪通过社会舆论、评价、劝阻、示范等教育形式,纠正着人们不正确的行为习惯。讲究礼仪的人,同时也起着榜样的作用,潜移默化地影响着周围的人。在社会发展进程中,礼仪的教育具有极为重大的意义。

三、礼仪的特征

1. 规范性

规范性主要是指它对具体的交际行为具有示范性和制约性。这种规范性本身所反映的是一种被广泛认同的社会价值取向和对他人的态度。无论是具体的言行,还是具体的姿态,均可反映出行为主体的思想、道德等内在品质和外在的行为标准。

2. 差异性

礼仪规范约定俗成,不同国家、不同地区,由于民族特点、文化传统、宗教信仰和生活习惯等差异,往往有着不同的礼仪规范,"十里不同风,百里不同俗"。这就需要增加了解,尊重差异,不可"唯我独尊、我行我素"。

3. 限定性

限定性就是TPO原则:T＝Time(时间),P＝Place(地点),O＝Occasion(场合)。礼仪的限定性是指在不同的时间、地点、场合运用不同的礼仪。

4. 操作性

礼仪规范要以人为本、重在实践、人人可学、习之易行、行之有效。"礼者,敬人也。"待人的敬意,应当如何体现,礼仪都有切实可行、行之有效的具体操作方法。

5. 传承性

礼仪一旦形成,就具有世代相传、共同实践的特点。但是礼仪并非一成不变,而是随着时代的发展变化进行吐故纳新,随着内外交往的日益频繁而互相借鉴。

6. 时效性

时效性是指信息仅在一定时间段内对决策具有价值的属性。古代的礼仪在当时条件下具有很强的价值属性,然而有些礼仪到今天可能就被废止了。礼仪随着时代发展在不断变化,因此,具有很强的时效性。例如,过去的跪拜礼,现代已经用点头、鞠躬、举手礼等代替了。

四、礼仪的分类

礼仪包含政务礼仪、商务礼仪、服务礼仪、社交礼仪和涉外礼仪等五大分支,各分支礼仪内容都是相互交融的。

五、礼仪的意义

1. 礼仪是个人美好形象的标志

礼仪是一个人内在素质和外在形象的具体体现;礼仪是个人心里安宁、心灵净化、身心愉悦、个人增强修养的保障。礼仪的核心是倡导人们要修睦向善。当每个人都抱着与人为善的动机为人处事、以文明市民的准则约束自己时,所有的人都会体会到心底坦荡、身心愉悦的感觉。

2. 礼仪是家庭美满和睦的根基

家庭是以婚姻和血缘为纽带的一种社会关系,家庭礼仪可以使夫妻和睦、父慈子孝、家庭幸福。

3. 礼仪是人际关系和谐的基础

社会是不同群体的集合,群体是由众多个体组成的,而个体的差异性是绝对的。例如,性别、年龄、爱好等。礼仪是社会交往的润滑剂和黏合剂,会使不同群体之间相互敬重、相互理解、求同存异、和谐相处。

4. 礼仪是各项事业发展的关键

职业是人们在社会上谋生、立足的一种手段。讲究礼仪可以帮助人们实现理想、走向成功,可以促进全体员工团结互助、爱岗敬业、诚实守信,可以增强人们的交往和竞争实力,从而推动各项事业的发展。

5. 礼仪是社会文明进步的载体

要继承、弘扬祖国优秀的传统文化,加强社会主义精神文明建设,文明礼仪宣传教育是其中一项重要的内容。

 知识拓展

名人说礼仪

1)不学礼,无以立。——《论语》
2)在宴席上最让人开胃的就是主人的礼节。——莎士比亚
3)爱人者,人恒爱之;敬人者,人恒敬之。——《孟子》

大家可以收集一些古今中外名人关于礼仪的名言,说说你最喜欢哪一句。

【学习小结】

城市轨道交通作为一种现代化的公共交通工具,直接面对广大乘客。站务服务礼仪直接体现城市轨道交通从业人员的素质、企业运营的管理水平、企业形象和城市的文明程度。城市轨道交通服务礼仪与该专业学生就业的工作岗位紧密相连。传统礼仪的追求与当代的核心价值观是相通的,"文明""和谐""诚信""友善"都是以礼修身后的外在表现。因此,本任务旨在引导城市轨道交通专业的学生深入体会礼仪的内在功效,多修炼内功,提升个人修养,从而在为乘客服务过程中、言谈举止能够自觉体现良好的个人素养,在工作中体现"乘客至上、服务至上",进而为就业后长久的职业生涯打好基础。

【知识巩固】

一、选择题

1. 对礼仪的限定性描述不正确的一项是(   )。
A. TPO 原则:T=Time(时间),P=Place(地点),O=Occasion(场合)

B. 礼仪的限定性是指在不同的时间、地点、场合运用不同的礼仪

C. 礼仪的限定性表现在：参加面试时要穿正装，运动时要穿运动服，工作时要穿工作服等

D. 礼仪有限制，不是每个人都得具备

2. 服务三要素是指（　　）。

A. 服务的主体　　　　B. 服务的客体　　　　C. 服务的媒体　　　　D. 服务的个体

3. （　　）已经成为我国社会经济发展的核心理念。

A. 以人为本　　　　B. 微笑服务　　　　C. 旅客是上帝　　　　D. 顾客满意

二、判断题

1. 礼仪渗透于社会生产与生活的方方面面，礼仪随着时代的发展在不断变化。（　　）

2. 礼仪的功能是调节和处理不同地域、不同职业、不同身份、不同年龄等的人类相互关系的工具。（　　）

3. 礼仪不是行为规范，对人们的社会行为不具有约束作用。（　　）

三、简答题

1. 礼仪的功能有哪些？
2. 礼仪的特征有哪些？
3. 礼仪的意义是什么？

【课堂练习】

案例分析：

地铁是一个封闭的乘车空间，人与人"零距离"接触，每一位乘客的行为得体、不影响他人的品质就显得特别重要。

电子设备声音外放满足了一个人，影响一车厢。今后不听劝阻可罚款200元！罚款并不是目的，为的是能维护良好的乘车环境。还有，乞讨的、推销的、求扫二维码的，这些行为打破了整个车厢的宁静，希望随着法规的实施，这类行为能得到遏制。另外，还有阻挡车门或者站台门关闭等危害公共安全的行为。

请大家思考：如何制止这些不文明的行为呢？

任务二　城市轨道交通服务礼仪的基本理论及应用

【学习目标】

1. 掌握乘客满意论。
2. 了解马斯洛需求层次理论。
3. 了解霍夫斯泰德文化维度理论。

项目一　城市轨道交通服务礼仪的认知

【情境导入】

中华人民共和国交通运输部印发《城市轨道交通客运组织与服务管理办法》（简称《办法》）于2020年4月1日起施行。该《办法》在规范乘客行为方面明确了"车门或站台门关闭后扒门"等影响运营安全的10类禁止性行为及"使用电子设备时外放声音"等影响运营秩序的7类约束性行为，该《办法》引来市民纷纷"点赞"。

提升地铁文明，发扬传统礼仪，除了法律规范乘客的行为之外，面对地铁中出现的一些不文明行为（见图1-3），还要多提醒、多倡导。不仅要让市民养成良好的习惯，而且城市轨道企业还要坚持不懈地进行宣传和引导，这也是塑造地铁文明的重要途径。公众行为不但要靠法律的强制，更要依靠传统礼仪文化进行规范。

图1-3　地铁不文明行为

【理论知识】

城市轨道交通服务礼仪的基本理论主要是指运用服务礼仪的一般规律对工作人员和乘客进行服务，从而实现乘客的满意和工作人员的成就感，达到双赢的效果。

服务人员一旦掌握了服务礼仪的基本理论，就会更好地服务于乘客，在工作中不仅能实现自己的价值，而且能更好地让乘客满意。服务礼仪的基本理论有以下三个。

一、乘客满意论

让乘客满意是任何一家交通企业需要匠心打造的服务质量体系。美国营销专家劳特朋教授在1990年提出了4C理论：消费者（Consumer）、成本（Cost）、便利（Convenience）和沟通（Communication）。乘客满意理论强调企业首先应该把追求顾客满意放在第一位，其次是努力降低顾客的购买成本，再次要充分注意顾客购买过程中的便利性，最后还应以顾客为中心实施有效的营销沟通。如果乘客满意，他便会再次选择该产品或服务。

营销专家菲利普·科特勒认为，顾客满意是指一个人通过对一个产品或服务的可感知效果与他的期望值相比较后，所形成的愉悦或失望的感觉状态。如果产品或服务的实际情况不如顾客的预期，那么顾客就会感到不满意；如果实际情况恰如预期，那么顾客会感到满意；

如果实际情况超过预期，那么顾客就会感到非常满意。

乘客在乘坐交通工具之后会有五种质量评价：非常满意、满意、一般、不满意、很不满意。

在顾客满意论的应用中，常见的一些基本概念如下。

1. 顾客

顾客是产品或服务的接受者。顾客可以是最终消费者（顾客、乘客、旅客等）、使用者（企业、用户等）、受益方（员工、所有者、分供方、社会等）或采购方（合同情况下的用户）等。

2. 满意及满意度

满意及满意度是指顾客的一种心理满足状态，往往通过顾客在消费产品或服务后的实际感受和其期望的差异程度来反映。

3. 顾客满意指数

顾客满意指数是指顾客满意程度的量化值。习惯上用 0～100 的分值表示，分值越高表示满意度越高。

4. 顾客忠诚度

顾客忠诚度是指顾客对品牌的忠诚程度，表示顾客继续接受该品牌产品或服务的可能性。

5. 顾客满意经营战略

顾客满意经营战略是指企业以顾客满意为最高战略目标的一种经营战略。在这种经营战略指导下，企业开展各项经营活动都是以顾客的利益为核心的，旨在通过顾客的持续满意，从而获得顾客的忠诚，进而实现企业的长期生存和发展。

二、马斯洛需求层次理论

马斯洛需求层次理论将人类的需求像阶梯一样从低到高按层次分为五种：生理需求、安全需求、社交需求、尊重需求和自我实现需求，如图1-4所示。

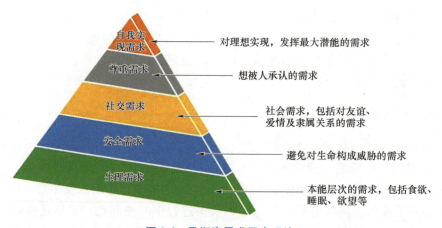

图1-4 马斯洛需求层次理论

1. 生理需求

生理需求是指人类生存最基本的需求，是最低层次的需求，包括食欲、睡眠、欲望等。

经常处于饥饿状态的人，首先需要的是食物。因此，生活的目的被看成填饱肚子。当基本的生活需求得到满足后，生理需求就不再是推动人们工作的最强烈的动力，取而代之的是安全需求。

生理需求的未满足特征：当一个人温饱问题没有解决时，这个人只想活下去，道德观会明显变得脆弱。例如，当一个人急需食物时，会不择手段地得到食物。

2. 安全需求

安全需求属于低级别的需求，包括对人身和财产的安全、生活稳定以及免遭痛苦、威胁或疾病等。

缺乏安全感的特征：感到自己受到身边事物的威胁，觉得这世界是不公平的或是危险的；认为一切事物都是危险的，从而变得紧张、彷徨不安，认为一切事物都是"恶"的。例如，一个人被其他人欺负或受到不公平的待遇，从而变得不敢表现自己、不敢社交，借此来保护自身的安全。

3. 社交需求

社交需求属于较高层次的需求，如对友谊、爱情及隶属关系的需求。

缺乏社交需求的特征：因为没有感受到身边人的关怀，从而认为自己活在这世界上没有价值。一个没有受到家庭或公司关怀的人，认为自己没有价值，所以会有一些异常行为或搞一些恶作剧引人注意，以此来刷存在感。

4. 尊重需求

尊重需求属于较高层次的需求，如成就、名声、地位和晋升机会等。尊重需求既包括对成就感或自我价值的肯定，又包括他人对自己的认可与尊重。人们有尊重他人和被他人尊重的需求，如果人们活得没有尊严就会产生负面情绪，让自己沉浸在低价值感的压抑中。

尊重需求没得到满足的特征：很爱面子，或很积极地用行动来让别人认同自己，也很容易被虚荣吸引。例如，用奇装异服来证明自己与众不同，用毁坏来证明自己的存在感，用刻意努力来证明自己优秀等。

5. 自我实现需求

自我实现需求是最高层次的需求，是追求实现自我理想的需求，是充分发挥个人潜能和才能的心理需求，也是创造力和自我价值得到体现的需求。

五种需求可以分为两级，其中生理需求、安全需求和社交需求都属于低级需求，这些需求通过外部条件就可以满足；而尊重需求和自我实现需求是高级需求，它们是通过内部因素才能满足的，而且一个人的尊重需求和自我实现需求是无止境的。

马斯洛需求层次理论也可以运用于城市轨道交通服务中，因为在服务过程中满足了人们不同层次的需求。

三、霍夫斯泰德文化维度理论

霍夫斯泰德文化维度理论是荷兰心理学家吉尔特·霍夫斯泰德提出的用来衡量不同国家文化差异的一个框架。吉尔特·霍夫斯泰德认为文化是在一个环境下人们共同拥有的心理程序，能将一群人与其他人区分开来。

在国际上，有国家与国家之间的差异；在同一国家，有南北方和东西方的差异。不同地域的文化差异，会形成本地域人们在人际关系、价值观与信仰、风俗习惯、社会机构、语言、礼节与节日以及家庭在社会中的地位的心理认同感。因此，霍夫斯泰德说在同一个环境下人们会拥有共同的心理程序。

中国有句古话：一方水土养一方人。服务礼仪要为不同地域有文化差异的乘客提供有针对性的文化服务，秉承尊重、真诚、从俗、适度的原则，为服务对象提供优质的服务。在学习情景模拟当中，面对各种各样的特殊乘客，我们要放平心态、积极面对，从而给他人留下美好的第一印象。

综上，我们学习了三种城市轨道交通服务礼仪的基本理论：乘客满意论、马斯洛需求层次理论、霍夫斯泰德文化维度理论。

马克思主义认为，在理论和实践的关系上，实践是理论的基础，是理论的出发点和归宿点，对理论起决定作用。理论必须与实践紧密结合，理论必须接受实践的检验，为实践服务，随着实践的发展而发展。

理论和实践是辩证统一的，在实践中检验理论，在理论下指导实践。理论来源于实践，还要服务于实践。我们学习城市轨道交通服务礼仪的基本理论都是为了在走上工作岗位时能够更好地服务于乘客。

知识拓展

某地铁集团设立"雷锋岗"，车站推出"爱心驿站"

自2021年3月以来，某地铁集团作为"首批全国学雷锋活动示范点"，首个"党史+地铁科普"课堂揭牌，开展了一系列将党史学习教育与学雷锋活动月相结合的活动，组织党员、团员下基层、走一线，进学校、入社区等开展志愿服务。某地铁充分利用红色资源讲好红色故事，以优良作风为群众办实事解难题，将党史学习教育成果积极转化为实践成效，让学习雷锋精神蔚然成风。

在3月里，某地铁坚持学史力行，积极升级多项乘客服务爱心举措：地铁各车站设立综合服务区，为乘客提供出行指引、行李搬运、便民医药箱等特色便民服务。组建了"明星服务队"，设立"雷锋岗"等帮助有需要的特殊乘客。多个地铁站向孕妈妈们免费推出了"准妈咪徽章"，孕妈妈们可以享受优先出站等贴心服务，如图1-5所示。多站还推出了"爱心驿站"，聆听乘客文明寄语和提升服务建议。

某地铁青年们还组成了爱心服务队，从身边的点滴开始、从身边的小事做起，为一线员工提供爱心理发、家电维修等志愿服务，深入线路、车站、车辆段开展义务清洁，开展小区附近污水井、绿地、花坛等重点部位的鼠药投放、蚊虫

图1-5 协助特殊乘客出站

灭杀整治等卫生活动，营造文明环境，传递雷锋精神，切实为群众办实事解难题。

项目一　城市轨道交通服务礼仪的认知

> 【学习小结】

随着城市化的快速发展，地铁已经成为大型城市交通发展的新宠，我国已经成为世界上城市轨道交通发展速度最快的国家。城市轨道交通的硬件建设和配套设施给乘客带来了现代化高科技的感官体验。然而，城市轨道交通服务的现状却是"硬件太硬，软件太软"。因此，提升服务品质，提高服务人员的整体素质，持续完善接待服务体系，讲好新时代的新故事，提升城市地铁服务的美誉度，配合当地政府打造"与时俱进、富有创新、充满活力"的城市形象，已成为城市轨道交通服务的重要功能和目标，如图1-6所示。解决上述问题的首要任务就是要学好站务服务礼仪的相关理论知识，让理论知识作为支撑高效、高质量站务服务的重要支柱，让城市轨道服务成为一张漂亮的城市名片，服务城市的发展，传递精神的文明。

图1-6　某地铁2号线某站示意

> 【知识巩固】

一、选择题

1. 乘客满意理论强调企业首先应该把（　　）放在第一位。
 A. 追求顾客满意
 B. 努力降低顾客的购买成本
 C. 要充分注意顾客购买过程中的便利性
 D. 以消费者为中心实施有效的营销沟通
2. 下列对顾客描述错误的一项是（　　）。
 A. 顾客可以是最终消费者：顾客、乘客、旅客等
 B. 产品或服务的接受者
 C. 服务的主体
 D. 服务的客体
3. 满意度是（　　）。
 A. 顾客对品牌的忠诚程度
 B. 实际感受和其期望的差异程度
 C. 用0~100的分值表示

二、判断题

1. 乘客在乘坐交通工具之后就会在感觉上有五种质量评价：非常满意、满意、一般、不满意、很不满意。（   ）
2. 马斯洛需求层次理论将人类需求像阶梯一样从低到高按层次分为五种：生理需求、安全需求、社交需求、尊重需求和自我实现需求。（   ）
3. 冬暖夏凉是人的生理需求。（   ）

三、简答题

1. 简述顾客满意理论。
2. 简述马斯洛需求层次理论。
3. 如何针对不同地域差异对旅客提供优质服务呢？

项目二

城市轨道交通服务人员仪容仪表的训练

【教学引导】

仪容美是指五官、身材、体态、肤色、声音的美，属于人体美、自然美和形式美，主要表现为先天禀赋。

仪表美是指服饰、发式、表情、姿态、神采、举止、动作、谈吐以及待人接物的态度等所构成的风韵美，属于行为美、语言美和社会美，靠后天的生活实践、学习、模仿、自检形成，并受社会习俗的影响。

仪容美偏重于人的外在美，仪表美偏重于人的内在美。

仪容美、仪表美由浅入深包括三个方面的含义：

1）自然美是指仪容的先天条件好，貌美、发美、肌肤美，基本要求是干净整洁。

2）修饰美是指依照某一集体规范与个人条件，对仪容实行必要的修饰，体现职业身份与地位。

3）内在美是指通过学习与修炼，培养高雅的气质与美好的心灵，表里如一。

城市轨道交通服务人员端庄的容貌、大方的发型和得体的妆容，往往会给乘客留下美好的第一印象，让乘客赏心悦目，如图2-1所示。

适当的妆容不仅是一种礼仪，也是自尊、尊人的体现。

图2-1　城市轨道交通服务人员的妆容

任务一　城市轨道交通服务人员职业妆

【学习目标】

1. 掌握职业妆的原则。
2. 掌握职业妆塑造方法。
3. 掌握发型塑造方法。

【情境导入】

城市轨道交通服务人员每天都会面对来自四面八方的乘客,从礼仪方面来说,仪容必须规范。根据职业特点和工作规范,城市轨道交通服务人员要选择适合的发型和妆容来美化职业形象,从而提升城市轨道交通服务的专业性和高效性。

【理论知识】

一、职业妆的原则

1. 不可浓妆艳抹

城市轨道交通服务人员在工作岗位上应化淡妆,妆容要清新、淡雅,凸显职业的端庄感和亲和力,既要美化自身,又要给乘客留下美好的印象,同时又不能脂粉气太浓,要与整体的职业形象协调统一。

2. 避免残妆示众

城市轨道交通服务人员在吃饭、饮水、长时间工作后,都会出现脱妆的情况,此时应及时补妆,避免因妆面残缺影响自身的形象,破坏城市轨道交通服务人员在乘客心目中的美好印象。

3. 不可当众补妆

当众补妆是一种很不礼貌的行为,尤其在工作岗位上,不仅显得极不庄重,也让人觉得对待工作不专心。在需要补妆时,城市轨道交通服务人员可以选择在自己的工作间进行,而非工作岗位上。

4. 不可过量使用芳香型化妆品

在空气相对密闭的空间中,城市轨道交通服务人员过量地使用芳香型化妆品,可能会引起乘客的反感,甚至引发乘客身体不适。特别是在使用香水的过程中,城市轨道交通服务人员宜选用淡香型、花香型的香水;使用香水的剂量一到两滴即可,不宜过量;注意把控香水的质量,劣质香水的气味不但会让人心生厌恶,也会危害使用者的身体健康。

二、女士职业妆塑造

1. 护肤三部曲

护肤三部曲最早是某品牌为其基础护理系列取的名字,即洁面皂、爽肤水和乳液。后来这个概念被广泛使用,脱离了品牌的局限,到现在一般称为护肤三部曲或者护肤三步骤,即洁肤、爽肤、润肤。这三步是最基础的日常皮肤护理。

(1) **洁肤** 护肤的第一步便是洁肤。清洁肌肤是非常重要的一个环节。如果洁面不彻底,不仅会影响护肤品的吸收,还会令毛孔堵塞,导致出现暗疮或痘痘,所以洁肤的第一步是把面部肌肤清洁干净。

(2) **爽肤** 护肤的第二步是爽肤。爽肤最基础的方法就是使用爽肤水,选择适合自己皮肤状态的爽肤水轻轻拍在脸上,然后按摩至吸收。这样可以给清洁完的肌肤补充所需的水分,令肌肤更滋润,并持续保持滋润。

（3）润肤　护肤的第三步是润肤。想要肌肤通透，这一步是不能少的。在拍完水后，应涂上保湿的乳液或面霜，在给肌肤补充营养的同时，也令肌肤持续保持滋润。

2. 上妆"九步曲"

（1）妆前乳　妆前乳的主要作用是能够帮助肌肤抵挡来自外界的各类刺激，如彩妆、紫外线和脏空气。按照点按的方法，把妆前乳涂抹在脸上，不仅可以保护肌肤，还可以起到遮盖瑕疵和打造透明妆容的作用，如图2-2所示。

（2）粉底　根据自身情况选择适合的底妆产品，配合海绵粉扑、美妆蛋等工具，将粉底用按压的手法，少量多次顺着肌肤的纹理均匀涂抹在面部。注意脸部与脖子处的衔接，不要有明显界限，如图2-3所示。

图2-2　妆前乳

图2-3　粉底

（3）定妆　用粉扑或散粉刷蘸取适量的散粉，以较为轻柔的速度打在脸部和脖子处，之后慢慢匀开即可使肌肤看起来十分细腻通透，增加底妆的持久度，如图2-4所示。

图2-4　定妆

（4）眼影　选择大地色系的眼影，运用两种色彩逐层覆盖，增强眼部的轮廓。用大号眼影刷蘸取白色、米色眼影，从眼尾至眼头，覆盖整个眼窝。再用小号眼影刷蘸取深棕色眼影，从眼尾至眼头，覆盖双眼皮褶皱处（单眼皮的涂抹范围大约是从睫毛根部向上5~6mm，睁开眼睛能看到眼影边缘即可），如图2-5所示。

图 2-5　眼影

（5）**眼线**　紧贴睫毛根部，用眼线产品填满缝隙，眼尾处向后向上提拉，如图 2-6 所示。

图 2-6　眼线

（6）**睫毛**　用睫毛夹将睫毛全部夹得卷翘起来，睫毛刷横着拿，把上睫毛从根部挺起，向外向上均匀涂抹；睫毛刷竖拿，左右来回涂抹下睫毛，做到根根分明，如图 2-7 所示。

图 2-7　睫毛

（7）**画眉**　根据个人脸型，选择适合的眉形，顺着眉毛生长的方向，用眉笔画出眉毛的下缘底线，填补眉毛缺失的地方，最后用眉刷扫刷。眉形不宜过挑，宜平缓、柔和，如图 2-8 所示。

图 2-8 画眉

（8）**腮红与唇** 腮红与唇的颜色要保持色调一致，整体协调。标准脸型的腮红可涂抹在笑肌处，不同的脸型可做适当调整，如图 2-9 所示。

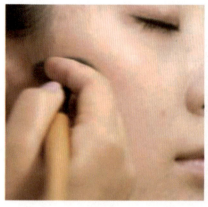

图 2-9 腮红与唇

（9）**妆面检查** 最后要对妆面的整体进行检查，保证妆面完整、无残缺，总体协调、对称，合格的妆面如图 2-10 所示。

图 2-10 合格的妆面

三、男士职业妆塑造

相较于女士,男士的职业妆更加注重面部的清洁和保养。男士应每天剃须、修面,使用男士专用的洗面奶进行清洁,以保持面部清洁。男士要做好面部护理,同样需要使用男士专用的水、乳、霜等产品,必要时可以使用面膜作为补水"利器"。在工作过程中,男士要尽量避免接触香烟、酒等有刺激性气味的物品,对乘客服务时确保口气清新。

面部有瑕疵的男士,可适当使用底妆产品对皮肤进行修饰。男士通过去除一些杂乱的眉毛,略微描画,即可增强面部立体感,达到修饰自身的目的。

四、发型塑造

1. 护理头发

护理头发要做到三勤,即勤洗、勤修、勤梳理,注意不当众梳理头发;不应用味道过于浓烈的护发产品,应保持头发气味清新。

2. 女士长发发型

女士的长发应整齐盘起,一丝不乱,前不遮眉,露出双耳,如图2-11所示。女士长发要求如下:

1)头发梳理整齐,用皮筋固定,高度位置在两耳垂的连接线上。

2)用隐形发网固定在发根,包裹所有头发,以发根为圆心,顺着一个方向旋绕成圆形发髻,用U形夹固定。

图2-11 女士盘发

3)用定型喷雾固定碎发,使头发一丝不乱。

3. 女士短发发型

女士的短发应一丝不乱,前不遮眉,后不过领,不染异色,如图2-12所示。

4. 男士发型

男士发型要求干净整洁,长度要求前不遮眉、后不触领,侧不留鬓、不遮耳,不染异色,不剃光头;可适当选用定型产品塑造发型,如图2-13所示。

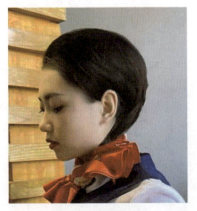

图2-12 女士短发发型   图2-13 男士发型

知识拓展

不同脸型该如何修饰

1. 圆脸

圆脸给人活泼可爱的感觉，显得年轻、有活力，但是略显稚嫩，稍微一胖，就非常明显。

轮廓修饰：用阴影色在两颊及下颌骨处斜扫，额头两侧轻扫阴影粉，削弱面部宽度；在额头中间、鼻翼、颧骨上边缘、下巴中间高光提亮，增强面部立体感，增加脸的长度。

腮红修饰：从颧骨外缘，向内斜下方晕染，强调颧骨下陷，增强面部立体感；颜色要由深到浅，最深的地方在颧骨外边缘；外轮廓向内轮廓过渡，可以拉长脸型。

眉形修饰：圆脸适合略微上扬的眉形，眉头压低，眉尾稍稍扬起。

2. 方脸

方脸在下颌骨处的转折明显，整个面部呈现正方形，脸的宽度和长度相近，给人一种很沉稳、很可靠的感觉，但是缺乏柔美感。

轮廓修饰：利用阴影色削弱宽大的两腮及额头，使面部柔和圆润，再用高光粉，强调额头中部、颧骨上方及下巴，使面部的五官更有立体感。

腮红修饰：斜向晕染，在颧弓下缘凹陷处腮红颜色应较深一些，向上颧骨位置处的颜色可以略浅，整体面积要小，让面部有收缩感。如果很想收紧脸部面积，建议选珊瑚色和橘色腮红。

眉形修饰：方形脸的人，可以适当地修剪掉一点眉峰，让眉毛线条柔和圆润，眉尾微弯。

3. 长脸

轮廓修饰：因为发际线和前额比较高、下巴长，所以阴影色的重点宜放在前额的发际线边缘及下颌骨边缘，从而缩短整个脸的长度；用高光色提亮眉骨、颧骨上方，鼻子高光色加宽，但不延长。

腮红修饰：采用横向晕染法，利用横向面积打破脸型长度感；由颧骨外缘略向下处横向至面颊中间进行晕染，颜色在发际线处最深，向内慢慢晕染变浅。

眉形修饰：适合平直略长的眉形，可以略微加粗来扩充前额的宽度，以缩短脸型。

鼻子修饰：长脸不宜过度强调鼻侧影，如果鼻子不够挺拔，只需要对鼻梁中间进行修饰，利用高光粉，把鼻梁加宽，从而缩短鼻子长度。

4. 梨形脸

梨形脸的特点是前额窄、两腮比较大，整体呈现上窄下宽的形状。这种脸型会给人稳重感和富态感，但有时候造型不好打理，容易显得不灵活。

轮廓修饰：可以在化妆前，去除一下发际线边缘的毛发，让额头变宽；用高光色加重额头、眉骨、颧骨上方、太阳穴鼻梁处，使脸的上半部明亮、突出，有立体感；用阴影色修饰两腮和下颌骨，收缩脸的下半部分。

腮红修饰：先用咖啡色或者较深的哑光色腮红在颧弓外下方晕染，强调脸型结构，再用浅色的腮红染在颧弓处，让面部显得更有立体感。

眉形修饰：眉形平缓拉长，两眉间距可以适当加宽，这样可以拓宽脸的上半部分。

5. 甲字脸

甲字脸和梨形脸正好相反，它的特点是脑门大，下颌轮廓较窄，整体看上去是上宽下窄，两眼间距较宽。甲字脸给人的感觉是秀美、冷艳。

轮廓修饰：用高光色提亮消瘦的面颊两侧，让面部看上去丰满圆润；把阴影色打在额角及颧骨两侧，让脸的上半部分收缩一下。

腮红修饰：由于面颊比较瘦，腮红可以用横向晕染的方式，由面部中央向外做横向的晕染，可以用有视觉膨胀效果的粉色系腮红。

眉形修饰：要注意眉毛的方向，由于额头比较宽大，因此眉形不宜过细，适当的挑眉，会有额头缩短的感觉。

眼部修饰：很多甲字脸的人存在眼距宽的问题，针对这种情况，要将内眼角眼线加深，同时在眼尾处把眼线上挑。

6. 菱形脸

菱形脸的特点：额头窄、太阳穴塌陷、颧骨突出、脸颊凹陷。这种脸型给人很冷酷的感觉，很有国际范，但也容易显老，给人距离感。

轮廓修饰：在颧骨外侧用阴影粉修饰。很多菱形脸的人，由于颧骨高，导致脸部不够圆润，因此可以在鼻翼两侧到颧骨中间的这个区域，沿着下眼睑打一些高光。在太阳穴处也可以打一些高光来增加饱满感。

腮红修饰：菱形脸建议用结构式腮红打法；从太阳穴到上半部分脸颊进行斜打，最深的颜色在太阳穴处，由外到内，由深到浅。

眉形修饰：菱形脸适合稍上扬的平直眉，眉尾稍带弧度，既增加柔和感，又不会过多地挤占太阳穴。

【学习小结】

1）职业妆的塑造原则有：不可浓妆艳抹、避免残妆示众、不可当众补妆和不可过量使用芳香型化妆品。

2）职业妆塑造包含了女士职业妆和男士职业妆，其中女士职业妆的塑造要着重掌握护肤三部曲及上妆"九步曲"。

3）发型塑造要注意护理头发的"三勤"，要掌握男士、女士发型塑造时需要注意的内容。

【知识巩固】

一、选择题

1. 关于城市轨道交通服务人员职业妆原则不正确的是（　　）。
A. 浓妆艳抹　　　　　　　　　　　　B. 避免残妆示众
C. 不可当众补妆　　　　　　　　　　D. 不可过量使用芳香型化妆品

2. 在化妆用品的选择上，正确的做法是（　　）。

A. 适合自己　　　　B. 网络跟风　　　　C. 以贵为优　　　　D. 朋友推荐
3. 城市轨道交通服务人员发型的要求（　　）。
A. 前不遮眉　　　　B. 侧不遮耳　　　　C. 不染异色　　　　D. 以上都对

二、判断题

1. 城市轨道交通服务人员的妆容最基本的要求是干净整洁。（　　）
2. 城市轨道交通服务人员的发型要求是造型独特。（　　）
3. 城市轨道交通服务人员女士长发应盘起，做到统一。（　　）

三、简答题

1. 请结合职业要求与自身特点，简述上妆的步骤。
2. 简述城市轨道交通服务人员职业妆的原则。
3. 简述城市轨道交通服务人员发型塑造的要求。

【课堂练习】

男生女生组合式分组，进行小组人员仪容仪表的"找茬"练习：

以小组为单位进行小组成员自身仪容仪表不足的问题查找，给出修改方案并汇总交给指导老师，指导老师给出建议。

任务二　城市轨道交通服务人员神态的修炼

【学习目标】

1. 掌握形神合一的内涵。
2. 掌握内在美的定义。
3. 掌握内在美的作用。
4. 学会内在美的培养。
5. 了解服务人员内在美的表现。
6. 学会内外兼修的本领。

【情境导入】

地铁上一个毫不做作的善意动作，获得无数点赞

2017年6月27日，成都地铁官方微博分享了一个暖心的故事"伸出一只手、一只脚，就多了一份安稳的保护"，如图2-14所示。

这一幕发生在成都地铁4号线，一名男生在低头玩手机，当一位轮椅乘客进来后，他就

项目二　城市轨道交通服务人员仪容仪表的训练

图 2-14　地铁上的一个善意动作示意

很自然地搭了手，拉住晃动的轮椅，又把脚卡在轮子上，目的是将轮椅固定住。几站过去了，他一直没放手。

这位淡定帮助残疾人的乘客，被网友亲切地称为"单手哥"。在网友的强大力量下，"单手哥"被成功找了出来，他就是来自成都市道路交通管理研究中心的工作人员小吴。小吴说："下班后，大概是 5:40 的样子，我就上了地铁 4 号线。结果运气很好，车门边居然有个位置。我坐了下来，拿出了手机看起了视频。当时是在骡马市或者骡马市下一站，门开了以后对面就有一个残疾人进来了，有人推着他，我就起来让位置，结果推他的人就出去了。由于列车制动，轮椅出现了滑位。我就用手把轮椅扶住，然后用脚固定住轮椅。"

点评：

地铁上人潮涌动，人和人之间的身体距离挨得很近，但心与心之间的距离隔得很远。人人都戴着耳机，人人都在忙着看手机，虽然没有了喧哗，却也没有了必要的微笑和问候。这时，"单手哥"的举动才会让人顿生如沐春风的感觉。他以一种悄无声息的关怀，消除着陌生人社会的疏离感，让寂寞无声的车厢多了一丝温度。

美是通过人或事物的外在和内在来体现的。外在的美可以通过美貌、美颜、美衣、美妆来体现。那么，内在的美是如何体现的呢？

【理论知识】

一、形神合一

形态是指人或事物存在的样貌或在一定条件下的表现形式。五官、身材的样子及存在状态体现出了一个人的形态。

神态是人的一种行为。神态是指人物脸部细微的表情和姿态。神态主要体现在脸上，包

23

括面部表情的神色和姿态。人的"七情六欲"控制脸上的神态。神态就是人脸各部分的动作及变化。

一个人心里高兴，往往就会喜上眉梢；内心得意，就会眉飞色舞；心里担忧，往往会满脸愁容；内心痛苦，就会双眉紧皱。

人的形是身体，神是精神。形是神的物质基础，神是形的内在支撑。人的神形合一、互为表里、相辅相成、相互配合、相互印证。形神合一的站务员如图2-15所示。

图 2-15　形神合一的站务员

二、精神美贵在内在美

1. 内在美的定义

人的内在美是指人的内心世界的美，人的内心世界就是人的心理活动。心理活动是大脑的功能，大脑是心理活动的器官，人的内在美就是人的思维之美。

人的内在美是由人的思维决定的，思维是由人脑决定的。内在美是由人的思维产生的一种光辉，是人的品德、情操、性格等内在素质的具体体现。内在美包括人生理想、思想觉悟、道德情操、行为毅力、生活情绪和文化修养等。内在美是人类各种美的源泉，它通过人的真、善、美表现出来。同时，内在美与外在美的关系是相辅相成、相得益彰的。

2. 内在美的作用

（1）**内在美具有决定性作用**　人的创造能力、智慧、情感等，会在内在精神美里得到最充分、最直接的体现。外在美是现象、形式，不起主要作用；内在美是本质、是内容，从根本上决定了一个人的美与丑。

（2）**内在美比外在美展现的美感更强烈、持久、深刻**　外在美易于被人发现，也易于被人遗忘，所引起的美感是变动的、不确定的、易逝的，故而也是不深刻的；心灵美则能给人以长时间的、强烈的、深刻的感受。

（3）**内在美具有宝贵的社会价值**　人类美的价值存在于为社会、为人类所做的贡献之中。一个人的思想行为越有利于社会、他人，就越高尚、越美，个人存在的社会价值就越大。

3. 服务人员内在美的表现

站务员外在的形象和内在的神态就是一张城市文明的名片。站务员内在美的表现有以下三点：

（1）服务心态：不骄不躁 　站务员面对来来往往的乘客，尤其是从外地来的或特殊的乘客，要给予他们更多的关怀，不能用烦躁不安的情绪来对待乘客，在工作中要谦虚谨慎，不骄不躁。

（2）服务姿态：亲和随和 　亲和力是人与人之间信息沟通、情感交流的一种能力。具有亲和力的站务员，每天都会用自信乐观的心情去面对每一位乘客，有亲和力的人平易近人，乘客会视他们为亲朋好友，这将加深乘客对地铁的信任感。

亲和力能够加强站务员与陌生人之间的沟通和交流，能够在他们之间建立一座信任的桥梁。站务员的亲和力就是内在美和外在美的和谐统一。

（3）服务状态：成就价值 　一个人的工作是他在社会中所扮演的角色。工作对个人而言，首先是可以获得劳动报酬从而保障和提升生活品质；其次是可以通过工作的平台接触社会，面对各种人，增长见识；最后是个人社会地位的高低与其工作表现有紧密关系，个人通过努力工作从而得到社会承认，获得一定的社会荣誉和地位。

站务员工作的价值成就感就是不断提高乘客的获得感、幸福感和安全感。

三、内外兼修：外在美与内在美的统一

外在美是通过人的肉眼来传递信息，给人以感官的刺激；而内在美，可以让人感受到舒适与惬意。外在美可以"养眼"，内在美可以"养心"。内在美与外在美相辅相成，若二者兼具则更加完美。如果一个人外在美和内在美不统一，就会让人感到不和谐，很难留下好的第一印象。

人的修养是要将内在美和外在美进行统筹，从而全面提升，最终达到表里如一。外在美的缺陷可以用内在美来弥补，而内在美的缺失却不是外在美可以抵消的。因此，有了内在美的支撑，外在美才会更有价值。

【学习小结】

通过学习本任务的内容，同学们应能熟练掌握形神合一的内涵、内在美的定义及作用，学会内在美的培养，以掌握内外兼修的本领，从而以自己的专业知识、职业素养做好城市轨道交通的各项服务工作，提升客运服务的工作质量。

【知识巩固】

一、选择题

1. 服务人员内在美的表现有哪些？（　　）
A. 服务心态：不骄不躁
B. 服务姿态：亲和随和

C. 服务状态：成就价值

2. 莎士比亚说："玫瑰是美的……更美的是它包含的香味。"这是指以下哪项内容？（   ）
   A. 内在美　　　　　　B. 外在美　　　　　　C. 内在美与外在美的统一

3. 人的内在美是由人的（   ）决定的，思维是由（   ）决定的。
   A. 思维、人脑　　　　　　　　　　　B. 需要、爱好
   C. 善恶、认知　　　　　　　　　　　D. 性格、能力

二、判断题

1. 表里不一、心口不一、言行不一都是内在美的表现。（   ）
2. 人的形是身体，神是精神。形是神的物质基础，神是形的内在支撑。人的神形合一，互为表里，相辅相成，相互配合，相互印证。（   ）

三、简答题

1. 内在美的定义是什么？
2. 内在美的作用是什么？

【课堂练习】

按照任务工单进行关于服务人员形象内在美和外在美重要性的辩论。

任务三　城市轨道交通服务人员服饰及饰品的选配

【学习目标】

1. 掌握文明着装的要素。
2. 掌握服饰礼仪的作用与影响。
3. 掌握地铁站务员着装标准。

【情境导入】

俗话说："人靠衣装马靠鞍，三分长相七分打扮。"外在的服装和配饰，可以彰显内在的精神和气质。服饰除了满足人们的物质生活需要外，还代表着一定时期的文化。服主要是指衣服，即一切蔽体的东西；饰，可增加人们外形的华美。

假设你是一名刚毕业的城市轨道交通运营管理专业的学生，作为站务员刚刚入职一家地铁企业，领取了两套工作制服、领结、丝巾、胸牌和皮鞋。入职培训的第一堂课就是制服穿搭，要求每位员工穿搭好工服前来培训。请问你懂得如何进行服饰的选搭吗？城市轨道交通站务员衣着穿搭如图2-16所示。

项目二　城市轨道交通服务人员仪容仪表的训练

图 2-16　城市轨道交通站务员衣着穿搭

一、文明着装

服饰既是人类文明的标志，又是人类生活的基本要素。在人们的衣食住行中，"衣"排在第一位。

人穿衣不仅是为了避寒暑、防虫、防风雨、遮体避羞等，还具有装饰身体、美化生活、显示身份地位、民族信仰等作用。服饰作为一种文化，选搭服饰还要考虑到季节、民族、职业、性别、年龄、色彩、喜好和场合等因素。合适的场合穿合适的衣服，既是尊重他人也是尊重自己。图 2-17 中展现了城市轨道交通服务人员的衣着美。

图 2-17　城市轨道交通服务人员的衣着美

1. 文明着装原则

（1）**个体性**　在着装时，既要认同共性，又不可以磨灭自己的独特个性。

（2）**整体性**　服饰从头到脚各个部分不仅要自成一体，而且要在整体上做到呼应，尽可能显得完美、和谐和一致。

（3）**整洁性**　一个人的卫生习惯也体现在服饰上，无论何时何地，人们的着装一定要整洁。整洁平整穿起来就能大方得体，显得精神焕发。衣服不能有污渍，不能有线头和开线的地方，不能缺纽扣，不能有毛球、破洞等。尤其是衣服的袖口和衣领处要格外注意干净整洁。

27

（4）色彩适宜 服饰不同的色彩会给人不同的感受。例如，深色或冷色调的服装会让人产生视觉上的收缩感，显得庄重严肃，而浅色或暖色调的服装会有扩张感，使人显得轻松活泼，所以需要根据不同场合进行相应的搭配。

（5）饰物恰当 巧妙地佩戴饰品能够起到画龙点睛的作用。佩戴饰品不宜过多，否则就会分散对方的注意力。佩戴饰品最关键的就是要与自身整体服饰搭配统一协调。

（6）TOP 原则 TOP 原则即着装应该与当时的时间、所处的场合和地点相协调，要求人们的服饰应力求和谐，以和谐为美。

2. 文明着装要求

（1）忌穿过露的服装 在正式场合，应忌穿袒胸露背，暴露大腿、脚部和腋窝的服装。

（2）忌穿过透的服装 倘若服装会使内衣、底裤"透视"在外，令人一目了然，切勿穿着。

（3）忌穿过短的服装 不要为了标新立异而穿着小一号的服装，更不要在正式场合穿短裤、小背心、超短裙这类过短的服装。这不仅会使自己行动不便，频频"走光"，而且也会失敬于人，使他人尴尬，多有不便。

（4）忌穿过紧的服装 不要为了展示自己的线条而有意选择过于紧身的服装，把自己打扮得像"性感女郎"，更不要不修边幅，使自己内衣、底裤的轮廓在过紧的服装下隐约地展现出轮廓。

二、服饰礼仪的作用与影响

美国传播学家艾伯特·梅拉比安提出了著名的形象沟通"55387"定律，又称第一印象效应，如图 2-18 所示。

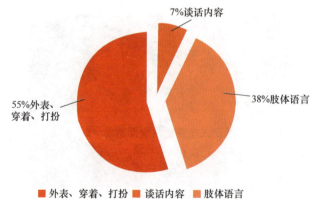

图 2-18　形象沟通"55387"定律

此定律认为，人际沟通信息＝55%外表、穿着、打扮＋38%肢体语言＋7%谈话内容。

"55"是指外表、穿着、打扮占信息传递的55%，包含服饰、配饰、面貌、形体、肤色和发色等。

"38"是指肢体语言占信息传递的38%，包含语气、语调、语速、手势、站姿、坐姿、表情、眼神和微笑等。

"7"是指谈话内容占信息传递的7%。

由上述内容可以看出来，第一印象中最突出的要素就是服饰配饰与仪容。服饰礼仪就像一本书的精美封面或像一个诱人的礼物盒子，让我们想迫不及待地打开。因此，一套得体而优雅的服饰会彰显穿着人的内涵。

三、地铁站务员着装标准

1) 上班时间必须按规定统一穿着工作服装，按要求和指定位置佩戴领带、领结、肩章、臂章、袖章、工号牌和胸卡。

2) 着工作服装，必须保持衣装整洁、不缺扣、不错扣、不立领、不挽袖和不卷裤。

3) 着工作制服，必须按照规定穿黑色皮鞋，保持皮鞋光亮、整洁，皮鞋上不能有过多的装饰。

4) 女站务员穿着制服，只能佩戴样式简洁大方的项链，项链不能太粗（不可露出制服外）；耳钉无坠，不能超过一副；戒指只允许佩戴婚戒，其他饰品和款式夸张的项链、戒指一律不允许在上班时间与制服搭配。

5) 工作时间不允许佩戴墨镜等有色眼镜、不允许佩戴与本人瞳色反差较大的美瞳。

6) 原则上只能在工作地点、工作时间穿着工作制服。在公司或车站范围内，当班时间必须按规定穿工作服，佩戴工作牌、胸卡、袖章；已下班但仍然穿着工作制服的员工，其行为举止要符合上岗时的要求。

 知识拓展

地铁站务员服饰类别

地铁站务员服装按季节分为春装、夏装、秋装和冬装。天气冷的城市可以有长大衣和棉衣。

地铁站务员服装，上衣按长短分可分为长袖和短袖；下身女站务员可以穿裤子或裙子，男站务员穿裤子；鞋一般为黑色皮鞋。

地铁站务员服装一般都选用套装。

套装1：短袖+马甲+长裤（或女士短裙）+黑皮鞋。

套装2：长袖+马甲+长裤（或女士短裙）+黑皮鞋。

套装3：工装上衣（短袖或长袖）+工装长裤+黑皮鞋。

套装4：制服帽或警察式帽+工装上衣（短袖或长袖）+工装长裤+黑皮鞋。

套装5：白衬衣+西服套装+黑皮鞋。

站务员的饰品一般有男士领带、男士领带夹、女士领结、女士丝巾、胸卡、肩章、袖章和女士盘头头花。

【学习小结】

本任务从服饰搭配和饰品选配的角度来说明着装的重要性，通过本任务的学习，我们要掌握地铁站务员着装标准及服饰礼仪的作用，了解各地铁站务员服饰的搭配。合适场合穿合适的衣服，既是尊重他人，也是尊重自己。文明着装、标准着装，塑造良好的职业形象。

【知识巩固】

一、选择题

1. 文明着装的要求有哪些？（　　）
   A. 忌穿过露的服装　　　　　　　　B. 忌穿过透的服装
   C. 忌穿过短的服装　　　　　　　　D. 忌穿过紧的服装
2. 形象沟通"55387"定律，又称（　　）。
   A. 第一印象效应　　B. 多看效应　　C. 心理定式效应　　D. 晕轮效应
3. 呼和浩特地铁服饰具有（　　）风格。
   A. 黄土高原　　　　B. 草原元素　　C. 海洋　　　　　　D. 沙漠

二、判断题

1. 服饰的不同色彩给人的感受都是一样的。（　　）
2. TOP原则即着装应该与当时的时间、所处的场合和地点相协调，要求人们的服饰应力求和谐，以和谐为美。（　　）

三、简答题

1. 如何进行文明着装？
2. 文明着装的原则有哪些？
3. 简述服饰的重要性？

【课堂练习】

男生与女生分组练习：
1. 以小组为单位进行服饰穿搭的演练。
2. 以小组为单位对全国城市轨道交通服务人员的服饰穿搭进行鉴赏并给出点评。
3. 通过网络教学资源，男生练习领带的系法，女生练习丝巾的系法，各小组分组展示。

项目三

城市轨道交通服务人员仪态礼仪的训练

【教学引导】

城市轨道交通服务人员端庄的容貌、大方的发型和得体的妆容，往往会给乘客留下美好的第一印象。适当的妆容是一种礼仪，也是自尊、尊人的体现。

仪态礼仪对城市轨道交通服务人员来说也同样重要，得体的坐姿、沉稳的站姿、优美的行姿、亲和的手势等仪态不仅能凸显城市轨道交通服务人员的动态美，还能体现城市轨道交通服务人员自信乐观的精神状态。

任务一　城市轨道交通服务人员站姿的训练

【学习目标】

1. 掌握站姿的基本要求。
2. 掌握不同场合的站姿。
3. 掌握站姿的禁忌。

【情境导入】

每天早上的早高峰，人们行色匆匆，涌入茫茫人海。在匆忙的掠影中，你可曾注意到伫立着的优雅、淡定的蓝色身影。

站姿无论是在社交场合，还是在日常交往中，都是一种常见的举止。站立是人们经常采用的一种静态身体造型，同时又是其他动态身体造型的基础和起点。因此，站姿不仅要挺拔，还要优美典雅。

俗话说"站有站相"，它是对一个人礼仪修养最基本的要求，是高雅的基础。端庄的站姿能够衬托出一个人良好的气质与风度。

实际上，由于男女性别的差异，基本站姿又有一些不同的要求。男子站姿要求稳健，女子站姿要求优美。城市轨道交通服务人员标准的站姿如图3-1所示。

图 3-1　城市轨道交通服务人员标准的站姿

（图文资料来源：新华网，2021年1月5日。）

项目三 城市轨道交通服务人员仪态礼仪的训练

【理论知识】

站立姿势，又称站姿或立姿，是指人在停止行动后，直立身体，双脚着地或踏在其他物体之上的姿势。在人际交往中，站立姿势是一个人仪态的根本点。如果站立姿势不够标准，其他姿势便谈不上优美和典雅。对于城市轨道交通服务人员而言，大多数工作者在工作岗位上是站立服务的，因此掌握标准的站姿尤为重要。

一、站姿的基本要求

1. 身直

挺胸、收腹、立腰、提臀，身体的重心在两腿中间，并通过脊柱及腿部，均匀分布在两个脚掌。

2. 头正

两眼平视前方，嘴微闭，收颌梗颈，表情自然，面带微笑，精神饱满。

3. 肩平

两肩平齐，微微放松，稍向后下沉。

4. 臂垂

两臂自然下垂，处于身体两侧，手部虎口向前，手指微弯，指尖朝下。

二、不同场合的站姿

1. 并步站姿

并步站姿是所有站姿中礼宾规格最高的一种站姿，适合比较庄重严肃的场合，如接受检阅、迎接 VIP、向乘客致歉等，如图 3-2 所示。

图 3-2 并步站姿

（1）男士

1）体态：上半身头正、肩平、下颚微收。耳、肩、臂、胯、腰成一水平面，挺胸立腰。下半身收腹提臀，腿部绷直并拢。

2）脚位：身体重心落在两脚正中，双脚脚跟和脚尖完全并拢。

3）手位：左手握拳，右手五指伸直并拢放于左拳上，于腹前（或垂直放于体侧），如图 3-3a 所示。

（2）女士

1）体态：上半身头正、肩平、下颚微收。耳、肩、臂、胯、腰成一水平面，挺胸立腰。下半身收腹提臀，腿部绷直并拢。

2）脚位：身体重心落在两脚正中，双脚脚跟和脚尖完全并拢。

3）手位：双手四指伸直并拢，拇指内扣，右手在外，将右手食指放于左手指根处，与左手交叠呈立体的"心"形叠放于腹前，小臂自然摆放于腰间，手腕放松，使手面与小臂在一个平面上。这种手位是工作中运用最多的一种手位，如图 3-3b 所示。

a)

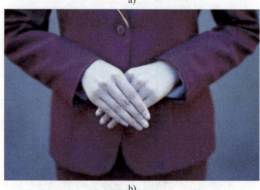

b)

图 3-3 手位

2. 开位站姿

开位站姿是日常生活与工作中使用频率最高的一种站姿，常用于恭候、交谈、服务乘客等场合。

采用开位站姿的体态与手位，双膝与双脚根部紧靠在一起，脚尖打开约 30°，两脚呈"V"字形，男女脚位相同，如图 3-4 所示。

3. 其他站姿

在工作岗位上，当城市轨道交通服务人员为乘客服务时，站姿可做适当调整，基于站姿的基本要求，脚位和手位可交替变化使用。

图 3-4　开位站姿

（1）女士　女士右丁字步是指右脚在前，脚尖指向 12 点钟方向，左脚在后，脚尖指向 10 点钟方向，左脚的脚跟放在右脚的足弓处，双腿自然并拢，如图 3-5 所示。两种手位可变化使用，一种是右手背后，左手自然下垂；另一种是左手屈臂，手指位于外衣中缝线上，右手自然下垂。双脚交换即为左丁字步，手位与右丁字步手位相反，如图 3-6 所示。这种站姿较为优雅，身体重心可在双脚之间交替，故而相对轻松一些。

图 3-5　女士右丁字步

在有柜台等障碍物遮挡身体时，可以一条腿为重心，另一条腿向外侧稍稍伸出一些，使双脚轮换休息，以减轻疲惫感。切忌膝盖弯曲、身体依靠柜台。

（2）男士　男士跨步站姿极显威严与庄重，以基本站姿站立，双脚平行打开与肩同宽，双手在身后交叉,左手握拳,右手握于左手手腕处,贴在腰部,如图3-7所示。此种站姿适用于前方无人,城市轨道交通服务人员一般在巡视时采用此站姿。

图3-6 女士左丁字步

图3-7 男士跨步站姿

三、站姿的禁忌

在工作岗位上,工作人员要确保自己"站有站相",在与乘客的交流中,要尽量注意身体的姿态,避免出现以下不良站姿,如图3-8所示。

1. 身躯歪斜,弯腰驼背

人们站立时以身躯正直为美。城市轨道交通服务人员若身体歪斜,含胸驼背,不仅直接破坏了人体的线条美,还会令人觉得该服务人员自由散漫、萎靡不振。

2. 趴伏倚靠,半立半坐

在工作岗位上,服务人员不可自由散漫,偷懒,趴伏桌子、柜台,背靠墙壁,双腿前伸呈半坐状态等,这将严重影响个人与企业的形象。

项目三　城市轨道交通服务人员仪态礼仪的训练

图 3-8　不良站姿

3. 双腿大叉，脚位不当

无论何种站姿，男士双腿间距不可超过肩宽，女士双腿应尽量并拢，不可呈现出分开状。双脚不能形成"内八字"，更不可以采用蹬踏式的脚位。

4. 手位不当，抱胸叉腰

适当的手位会增添站姿的优雅与风度，相反，手插口袋、双手叉腰或是双臂环抱胸前，都会让端庄与潇洒荡然无存。

 知识拓展

为什么"站有站相"的人更容易获得成功？

常言道：站有站相，坐有坐相。我们常常可以从别人的姿态中看出一个人的精气神，判断一个人的精神状态。其实，肢体语言除了影响别人对我们的看法，更能影响我们的心理、感受和状态。

社会心理学家、哈佛大学商学院教授埃米·卡迪提出的"高能量姿势"告诉我们：调节姿势可以改变内分泌和脑神经的状态，让人变得更有自信、力量，而且在短短两分钟内就能有效果。

作为一名社会心理学家，埃米·卡迪在演讲中分享了她的研究成果：人的姿态和自然界动物的姿态一样，肢体语言的沟通非常有效。比如灵长类动物会通过占据较高的核心位置，让群体中的其他成员看到自己，以此表明自己的权力。当黑猩猩屏住呼吸、胸腔鼓起时，它们是在表明自己在等级体系中的地位，向级别低的黑猩猩显示自己的地位；雄性黑猩猩会直立行走，甚至会举起几根木头来扩大手臂所及的范围，展示自己的力量和权力。

事实上，人类也是如此，积极的自我认可是获得成功的一项重要指标。埃米·卡迪和她的哈佛大学同事们通过研究测试发现，摆出一种"高能量姿势"——扩展性、开放性姿势，如挺胸收腹的身体姿态、洪亮的声音、极具表现力的手势、自信的表情等，都可以改变内分泌和脑神经的状态。用高能量姿势引导情感、思想和行为，能让我们无论是在通常情况下，还是在最具挑战性的时刻，都能感觉强势并找到存在感，甚至发挥得更出色。

资料来源：《高能量姿势》，埃米·卡迪。

【学习小结】

一、站姿的基本要求

身直、头正、肩平、臂垂。

二、不同场合的站姿

1) 并步站姿的要素。
2) 开位站姿的要素。
3) 其他站姿的要素。

三、站姿的禁忌

1) 身躯歪斜，弯腰驼背。
2) 趴伏倚靠，半立半坐。
3) 双腿大叉，脚位不当。
4) 手位不当，抱胸叉腰。

【知识巩固】

一、选择题

1. （　　）站姿中礼宾规格最高的一种站姿，适合比较庄重严肃的场合。
   A. 开位　　　　　　　　　　B. 并步
   C. 跨步　　　　　　　　　　D. 丁字步
2. 站姿的基本要求描述错误的是（　　）。
   A. 身体保持正直　　　　　　B. 面带微笑
   C. 双肩展开　　　　　　　　D. 手插口袋
3. 开位站姿脚尖打开约（　　）。
   A. 10°　　　　B. 15°　　　　C. 30°　　　　D. 45°

二、判断题

1. 女士腹前交握右手握左手。（　　）
2. 城市轨道交通服务人员在工作时不可双腿叉开。（　　）
3. 手插口袋也可以迎接乘客。（　　）

三、简答题

1. 简述站姿的基本要求。
2. 常用站姿有哪些？
3. 简述站姿的禁忌。

【课堂练习】

1. 进行标准的站姿训练。
2. 针对并步站姿、开位站姿及其他站姿进行细节性的训练。

任务二　城市轨道交通服务人员坐姿的训练

【学习目标】

1. 掌握坐姿的基本要求。
2. 掌握标准坐姿。
3. 掌握坐姿的禁忌。

【情境导入】

我国是礼仪之邦，正坐是华夏礼仪之基。古人认为："故始有礼仪之正，方可有心气之正也。"由礼仪之正到心气之正的养成，是一个由表及里的过程；养成之后，正坐之时，中正之身形，又体现出由内而外、内在的修养。礼仪用以规范言行，古人行止进退无不以礼为准。俗话说，"站有站相，坐有坐相""站如松，坐如钟，卧如弓"，可视为古礼在今日之传承。

【理论知识】

坐姿指的是人在就座以后身体所保持的一种姿势。标准坐姿是人们将自己的臀部置于椅子、凳子、沙发或其他物体之上，以支持自己的身体重量，双脚则要放在地上。对广大服务人员而言，无论工作，还是休息，坐姿都是经常采用的姿势之一。

一、坐姿的基本要求

1. 入座的要求

（1）左侧入座　走到座位左侧前方，身体缓慢右移后，右脚向后退半步，轻稳坐下。女士落座时要用手轻抚裙摆，以防褶皱。

在国际交往中，大到政治磋商、商务往来、文化交流，小到私人接触、社交应酬，入座时都要从左侧入座，如图3-9所示。这个礼仪是从古代流传下来的。古时候士兵、将军都是在腰间左侧佩带宝剑，在吃饭入座时，为了方便，都会从椅子左侧入座，久而久之，这个习俗也就流传下来了。

（2）落座于椅子的2/3处　入座时不可满座，若满座后，身体会不由地靠向椅背，进而呈现慵懒的姿态。落座于椅子的2/3处，正襟危坐，显得恭敬严肃。若坐得太少，会给人随时离开的感觉。

图 3-9　左侧入座

（3）**身体的姿态**　入座后上体自然挺直，双腿自然弯曲，女士膝盖并拢，男士双腿可微微打开；双肩平正放松，双臂自然弯曲，双手自然放在双腿上或椅子、沙发扶手上，掌心向下；头正，嘴角微闭，下颌微收，双目平视，面容平和自然。

（4）**手位的要求**　女士四指伸直并拢，拇指内扣，右手在外，将右手食指放于左手指根处，双手五指伸直并拢，平放在腿上或是压住裙边。男士握空拳分别放于两条腿上，或是十指交握，掌心微空放于双腿中部。

有扶手时，男女均可一手放在扶手上，另一手仍放在腿上或双手叠放在一侧的扶手上，掌心向下。

2. 离座的要求

（1）**左侧离座**　与"左入"一样，"左出"也是一种礼节，起身后，宜从左侧离去。

（2）**缓慢起身**　在离座时，要自然稳当，右脚向后收半步蹬地，使身体直立站起，起身要轻缓，切勿弄响座椅。

（3）**站好再走**　离开座椅后，要先按照站姿的基本要求站定，方可离去。若是离座与行走同时进行，则会显得过于匆忙。

二、标准坐姿

1. 垂直式

垂直式又称基本坐姿，适用于正规的场合，如图 3-10 所示。上身与大腿、大腿与小腿，都形成直角，小腿垂直于地面。女士双腿、膝盖、双脚要求完全并拢。男士双膝可适当分开，但不得超过肩宽，双脚保持平行。

2. 前伸式

在垂直式的基础上，两条小腿向前伸约一脚的距离，脚尖不要翘起，如图 3-11 所示。采用这种坐姿时须注意，若对面有人或是落座在较高的吧台椅上时，不建议使用这种坐姿。

3. 交叉式

（1）**前交叉式**　前交叉式是指左脚放于右脚之上，在踝关节处交叉，两脚前侧着地；女士双膝并拢，男士双膝打开，但不可超过肩宽，如图 3-12 所示。

图 3-10　垂直式

图 3-11　前伸式

图 3-12　前交叉式

（2）后交叉式 后交叉式在前交叉式的基础上，两条小腿向后拉，其他体位不变，如图 3-13 所示。

图 3-13 后交叉式

4. 曲直式

曲直式是指一条小腿前伸约一只脚的距离，脚掌着地，另一条小腿屈回，脚尖点地，收于椅子下方；女士大腿靠紧，两脚在一条线上，男士两腿与肩同宽双脚保持平行，如图 3-14 所示。

图 3-14 曲直式

5. 侧点式

双腿完全并拢，双脚向左或向右侧斜放，外侧脚的脚跟与内侧脚内侧靠拢，外侧脚脚掌着地，内侧脚脚尖着地，也可双脚脚尖点地。小腿要充分伸直，与地面呈 45°夹角，尽量拉长小腿长度。侧点式坐姿仅适用于女士，女士在穿裙子或在较低处就座时采用，如图 3-15 所示。

6. 重叠式

（1）垂直重叠式 两条腿在大腿根部叠放在一起。位于下方的腿（主力腿）的小腿垂直于地，脚掌着地，位于上方的腿的小腿，男士要向内收、脚尖下压，女士要紧贴于支撑身体的主力腿，脚尖朝向地面，如图3-16所示。

图3-15　侧点式

图3-16　垂直重叠式

（2）侧倾重叠式 在垂直重叠式的基础上，将双腿向主力腿的一侧倾斜伸出，小腿与地面呈45°夹角，主力腿内侧脚尖点地，脚踝立起。侧倾重叠式坐姿仅适用于女性，能够充分拉长女性的线条，修饰身形，如图3-17所示。

三、坐姿的禁忌

在入座时，人的身体会不由地放松，但在工作岗位上，工作人员要确保自己"坐如钟"，尽量注意身体和肢体的姿态。

1. 身体姿态禁忌

1）弯腰驼背，在座椅上前仰后合。
2）脊柱弯曲，依靠椅背或扶手，瘫坐在座椅上。

2. 肢体姿态禁忌

（1）上肢

1）双手环抱双腿，将手夹于腿中间或置于臀部下，都是不可取的，显得随意且有失风度。

图3-17　侧倾重叠式

2）在身前有桌子时，双手不可置于桌下，手臂不可支于桌上。可将双手平搭在桌子边缘，也可双手叠放或是十指交握放在桌子上。

（2）下肢

1）双腿叉开。面对他人入座时，双腿叉开，显得散漫及不雅观，特别是女士在着短裙时，不可双腿叉开。

2）架腿方式欠妥。很多男士习惯将小腿架在另一条大腿之上，两者之间留出大大的空隙，俗称"二郎腿"。这种坐姿尽显强横和不雅，应采用重叠式坐姿，将大腿根部叠放。

3）双腿伸出过长。双腿直伸出去，极不雅观，也会妨碍他人。

4）脚腿架在桌子上、踩踏在椅子上，或盘腿坐在椅子上的姿势都是不可取的，尽显粗野。

5）抖动摇晃。抖动腿部或摇晃身体，不仅让人心神不安，也会给人留下不够稳重、安稳的印象。

6）脚底示人。与人对坐时脚底面朝对方是极为不礼貌的行为。

7）脚尖翘起。在入座时，脚跟着地，脚尖翘起。这种姿态既不文雅，又不礼貌。

8）脱鞋脱袜。这种行为属于隐私行为，不可在人前表演。

知识拓展

不良坐姿对身体的危害

长期保持不良坐姿会对腰椎、颈椎等部位造成不利影响，严重的还有可能影响身体的健康。

（1）出现驼背　入座时身体不自觉的往前倾，低头，上身贴着桌边，这样就会导致驼背。

（2）出现偏头痛　有些人在对着计算机工作时，习惯斜着椅子，并且习惯斜着眼睛看屏幕，这样就会导致颈椎肌肉过分紧张，从而降低大脑皮层的供血，所以很容易出现偏头痛。

（3）出现"鼠标手"　如果桌面过高，并且经常耸着肩操作键盘和鼠标，这样就很容易形成"鼠标手"。键盘和鼠标的位置越高，手腕关节的背屈程度就会越大，所以大家在工作时一定要将鼠标和键盘放在一个比较低的位置，让手臂能够自然下垂。

（4）出现"硬"颈椎　如果长期坐姿不良，就会导致颈部肌肉变形和颈椎僵硬的现象，这样就很容易出现"硬"颈椎。

（5）出现背部僵硬　很多人入座时喜欢跷着二郎腿，而且习惯倚在椅子的扶手上，这样就会限制主力腿的血液流动，而且上半身的重量也会压在主力腿上，易导致脊柱侧弯，从而出现背部僵硬。

大家在日常生活中，如果想要维持健康的身体，并且保持苗条的身材，那么在工作之余一定要经常站起来走动。这样能够避免出现腿部浮肿，同时避免出现身体不适的其他症状。

【学习小结】

一、坐姿的基本要求

入座的要求：

1）左侧入座。

2）落座于椅子的2/3处。

3）身体的姿态要准确。
4）手位的要求要牢记。

二、标准坐姿

掌握不同坐姿的标准并学会运用，能够根据不同场合选择适当的坐姿，包括垂直式、前伸式、交叉式（前交叉式、后交叉式）、曲直式、侧点式和重叠式（垂直重叠式、侧倾重叠式）。

三、坐姿的禁忌

1）身体姿态禁忌。
2）肢体姿态禁忌。

【知识巩固】

一、选择题

1. 入座时应当落座于椅子的（　　）。
   A. 全部　　　　　　　　　　　B. 1/3 处
   C. 2/3 处　　　　　　　　　　D. 3/4 处
2. 入座后身体的姿态应保持（　　）。
   A. 自然挺直　　　　　　　　　B. 倚靠椅背
   C. 前仰后合　　　　　　　　　D. 自由舒适
3. 入座后双脚不可（　　）。
   A. 脚底示人　　　　　　　　　B. 脚尖翘起
   C. 脱鞋脱袜　　　　　　　　　D. 以上都对

二、判断题

1. 入座时应从椅子的右侧进入。　　　　　　　　　　　　　　　　　　（　　）
2. 入座、离座时都应当缓慢起身。　　　　　　　　　　　　　　　　　（　　）
3. 入座时女士膝盖应并拢，男士膝盖可适当分开。　　　　　　　　　　（　　）

三、简答题

1. 简述坐姿的基本要求。
2. 标准坐姿有哪些？
3. 不良坐姿有哪些？

【课堂练习】

1. 进行标准的入座训练。
2. 针对垂直式、前伸式、交叉式、曲直式、侧点式及重叠式坐姿进行细节性的训练。

任务三　城市轨道交通服务人员行姿的训练

【学习目标】

1. 掌握行姿的基本要求。
2. 掌握不同情况下的行姿。
3. 掌握行姿的禁忌。

【情境导入】

人的行姿可以传递出很多种情绪，比如愉快、沮丧、热情，或是懒散、懈怠等。心理学家史诺嘉丝发现：步伐较大且有弹力、双手用力摆动的人，通常比较自信、乐观、有目标；走路时拖沓着步子并且快慢不定的人，则比较犹豫、悲观、没有主见；喜欢支配别人的人，走路时通常脚向后高踢；女性走路时手臂摆得越高，说明精神越饱满，精力充沛；相反，走路不怎么摆动手臂的女性，大多正处在思绪混乱或沮丧的时候。

【理论知识】

行进姿势是指一个人在行走之时所采取的具体姿势，即行姿或走姿。行进姿势是以端庄的站姿为基础的连贯性动态动作，是站姿的延续。城市轨道交通服务人员的行姿如图 3-18 所示。

图 3-18　城市轨道交通服务人员的行姿

人们常说"行如风"，这里并不是指走路飞快，如一阵风刮过，而是指走路要轻快。走路姿态会在服务的过程中给乘客留下特定印象，而这会在乘客对服务人员及其服务的主观感受中占据很重要的位置。

一、行姿的基本要求

行姿以站姿为基础，上身保持不动，立直腰背，舒展双肩，重心稍向前；头正颈直，下颌微收，目光坚定，面带微笑。行姿的动作要领如下。

1. 大关节带动小关节

胸部领动肩轴，大臂带动小臂摆动，提髋提膝，大腿带动小腿，向前迈步。行姿侧面如图 3-19 所示。

图 3-19　行姿侧面

2. 手臂匀速摆动

双肩平稳，双臂下垂，与身体摩擦，前后交替摆动，自然且有节奏。前后摆动幅度约 30°：前 20°，后 10°。男士手掌呈半握空拳状，虎口朝前；女士手型如握铅笔状，虎口朝前，食指微抬，如图 3-20 所示。

图 3-20　行姿手位

3. 步位平正

在行走时，髋部发力带动大腿，重心转移。女士要求双膝摩擦，小腿向前，脚后跟先着地，脚尖朝前，双脚内侧线在同一条直线上；男士要求双膝微开，脚后跟先着地，脚尖朝前，两只脚的行进轨迹呈两条平行线，如图 3-21 所示。

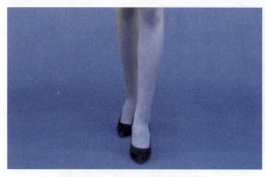 

图 3-21　行姿脚位

4. 步幅适度

步幅是指每走一步，两脚之间的距离。一般男士的步幅是 40cm 左右，女士的步幅是 30cm 左右，但也因身高有所差异。着装也会影响步幅的大小，如女士穿裙装（特别是旗袍、礼服）、高跟鞋时，步幅会小一些。

5. 步速均匀

人们行进时的速度即为步速。在一般正常的工作场合下，步速应保持相对稳定，较为均匀，不可忽快忽慢。通常男士每分钟走 100~110 步，女士每分钟走 110~120 步。

二、不同情况下的行姿

1. 前行步

行进路线保持向前，身体端正、收腹挺胸，不低头，目光平视，忌斜视看人。遇领导、客人应礼让、问好或微笑点头致意，及时礼让不可争挤。前行步脚位如图 3-22 所示。

图 3-22　前行步脚位

2. 后退步

在人前，扭头就走，以背示人，这是极为失礼的。这时可面向交往对象，小步幅后退两三步，再转体离开。

3. 侧行步

服务人员在工作过程中，经常会出现为乘客引路、带路的情况，如何正确引领，需要注意以下几点。

（1）**站位** 为了高效地做好引领工作，服务人员应站在乘客的左侧前方，上身稍向右转，侧身向着乘客，保持 1m 左右的距离。服务人员站在左前方，一方面是把行进右侧空间留给了乘客，遵循以客为尊的原则，另一方面可规避前方相向而来的行人，同时可提前做出行进路线改变的提示。

（2）**体位** 在引领时，服务人员需要兼顾乘客与行进方向，因此身体应微转向乘客，目视乘客，方便在行进中与乘客交谈，同时也可兼顾行进的路线，及时提醒乘客行进的方向或注意障碍。

（3）**步速** 在引领时，服务人员步速应与乘客保持一致，切勿忽快忽慢，确保乘客跟上；在行进路线发生改变时，可适当加速，提前指示方向，做出提示。

（4）**避让** 城市轨道交通服务人员在工作岗位上会经常碰到来往的乘客，这时需要主动避让并点头致意，这会显示对乘客的尊重，不仅能体现个人的修养，还彰显了企业的管理水平。避让如图3-23所示。

1）相向避让。面对相向而来的乘客，服务人员可向右后方退一步，身体向左侧转体45°，面带微笑并问好。

2）同向避让。同向而行，在为身后的乘客让路时，服务人员向右前方迈步并转体朝向对方，不可以背示人，需要微笑致意。

图 3-23　避让

三、行姿的禁忌

在工作岗位上，服务人员应当及时纠正错误的行进姿态。常见的错误行姿有以下几种。

1. 横冲直撞，奔来跑去

服务人员要避免在人群中穿行，更不可乱冲乱撞、直接碰撞他人身体。这样既有碍于他人，又有碍于自己。服务人员在行进时要"目中有人"，减少在人群中穿行。在情急时，服务人员可加快步伐，尽可能不要奔跑，避免引起乘客不必要的恐慌和骚乱。

2. 蹦蹦跳跳，步态不雅

服务人员要注意保持自己的风度，不宜使自己的情绪过分外露，走路时连蹦带跳，或步履蹒跚的老态龙钟状、"外八字"的"鸭子步"、脚尖内扣的"内八字"等都是不可取的行姿。

3. 制造噪声，脚步拖沓

服务人员在走路时要轻手轻脚，不宜穿鞋底较硬的鞋子，以免走路时发出声响。鞋子要跟脚，服务人员在行走时不要拖泥带水，更不要由于鞋子拖沓制造出噪声。

4. 手插口袋，背于身后

服务人员在行走时，手臂应自然摆动，手插口袋或背于身后都会显得随意散漫、目中无人。

 知识拓展

国外的行进规则与习惯

世界上有些国家使用左侧通行，有英国、日本、印度、巴基斯坦、澳大利亚、新西兰等。

有人说行进规则和国家地理有关。右侧通行的国家大多为大陆国家，如瑞典、美国等；而左侧通行的国家多为岛国或半岛国，如英国、日本等。

据说，行进规则也和古时候西方骑士的习惯有关，左脚上蹬，右脚再跨上马，然后就从左边走了。西方骑士决斗时都是右手拿武器，左手拿盾牌或者牵马，然后都从左边跑向对手。日本则是由于日本武士的刀都挂在左边，右手抽刀，这样左边破绽会比较大，所以就靠左边走，以减少破绽。而普通百姓怕武士，不敢走右边，所以举国左侧通行。

【学习小结】

1. 行姿的基本要求

大关节带动小关节、手臂匀速摆动、步位平正、步幅适度和步速均匀。

2. 不同情况下的行姿

不同情况下的行姿有前行步、后退步、侧行步。工作人员需要注意站位、体位、步速及避让，在避让时要注意相向避让及同向避让的情形。

3. 行姿的禁忌

忌横冲直撞，奔来跑去；忌蹦蹦跳跳，步态不雅；忌制造噪声，脚步拖沓；忌手插口袋，背于身后。

【知识巩固】

一、选择题

1. 行走时手臂应（　　）。
   A. 左右摆动　　　B. 保持不动　　　C. 双手交握　　　D. 前后摆动
2. 女士行走时，脚位应是（　　）。
   A. 一条线　　　　B. 平行线　　　　C. 模特步　　　　D. 外八字
3. 与人道别后采用后退步离开，是因为（　　）。
   A. 要注视对方目光　　　　　　　　B. 以背示人不礼貌
   C. 展示优雅的行姿　　　　　　　　D. 以上都对

二、判断题

1. 为乘客引领时，应站在其左前方。（   ）
2. 行走时，不可跑跑跳跳、横冲直撞。（   ）
3. 工作中，如有着急的事情可以在人群中奔跑。（   ）

三、简答题

1. 简述行姿的基本要求。
2. 侧行步的具体要求有哪些？
3. 行姿的禁忌有哪些？

【课堂练习】

1. 进行前行步、后退步、侧行步的训练。
2. 针对行进过程中涉及的站位、体位、步速及避让进行细节性的训练。

任务四　城市轨道交通服务人员蹲姿的训练

【学习目标】

1. 掌握蹲姿的基本要求。
2. 掌握不同情况的蹲姿。
3. 掌握蹲姿的禁忌。

【情境导入】

如图 3-24 所示，这张图片打动了上万人，老人蹲在地铁站站台，倚靠着背篓，埋着头，

图 3-24　某地铁站的站务员照顾身体不适的老人

一位地铁站务员蹲在一旁陪伴并关心、照顾着。事情发生在 2021 年 9 月末，站务员胡某巡视时发现一名老年女性乘客明显身体不适，立即上前询问是否需要帮助。老人称自己只是有点感冒加上路途劳累，有些不舒服。站务员通知车控室送来了一杯热水，等待列车到站停稳后帮助该名乘客将背篓搬上车并寻到一处座位。而站务员蹲下关心老人的这一幕，被其他乘客悄悄拍照记录了下来。一个小小的"下蹲"动作、一句关怀、一杯热水，折射出了服务的真诚与城市的温度。

【理论知识】

蹲姿是人由站立的姿势转变为两腿弯曲，身体高度下降的一种姿势。该姿势是人们在比较特殊的情况下，采取的一种暂时性的体位。

一、蹲姿的基本要求

1）以站姿为基础，上身保持不动，立直腰背，舒展双肩，重心稍向后，弯曲膝盖，身体缓慢下降，自然而得体。

2）下蹲时，双腿合力支撑身体，重心放在主力腿上，臀部可坐在主力腿的后脚跟上，从而保持身体的稳定性。

3）手位要求，女士呈交握式，压住裙边；男士握空拳，放于大腿中部。

4）女士无论采用哪种蹲姿，都要将双腿靠紧，臀部向下。

二、不同情况的蹲姿

1. 高低式

高低式蹲姿是服务人员在工作岗位上采用最多的一种蹲姿，如图 3-25 所示。站定后，右脚向后撤一步，左脚在前，重心后移，上身保持垂直地面，两腿靠紧往下蹲。左脚全脚着地，小腿基本垂直于地面，右脚脚跟提起，脚掌着地。右膝低于左膝，右膝内侧靠于左小腿内侧，形成左膝高右膝低的姿势。臀部向下，基本上靠一只腿支撑身体。女士在下蹲时，膝盖摩擦，双腿紧靠；男士在下蹲时，双腿可错开，与肩同宽。

图 3-25　高低式蹲姿

2. 交叉式

这种蹲姿造型优美，适用于女士，如在集体合影时前排需要蹲下，或是着短裙的女士可采用交叉式蹲姿，如图 3-26 所示。站定后，左脚后撤一步，右脚在前，重心后移，右小腿基本垂直于地面，全脚着地，左腿在后与右腿交叉重叠，左膝由后面伸向右侧，左脚跟抬起，脚掌着地，两腿前后靠紧，臀部坐于左脚跟上，上身保持直立。

图 3-26 交叉式蹲姿

三、蹲姿的禁忌

在工作岗位上，服务人员采用蹲姿时，以下几点需要谨记。

1. 不要突然蹲下

要避免蹲下时速度过快，特别是面对服务对象时，让人毫无准备，惹人不适。在人群中突然蹲下，也会引起乘客的恐慌。

2. 不要距人过近

下蹲时应与身边的人保持适当的距离。与他人同时下蹲时，更不能忽视这一点，以防"迎头相撞"。

3. 不要毫无遮掩

在人前下蹲，尤其是身着裙装的女性服务人员，在为乘客服务时，一定要避免隐私暴露。

4. 不要蹲着休息

蹲着休息本身就不够文雅，作为服务人员就更加不妥了。

> **知识拓展**
>
> **不良蹲姿对身体的危害**
>
> 保持任何一种姿势过久都有伤身体，蹲姿也一样。全蹲时，有些人习惯上身前倾。这会导致腰部承压过大，不仅伤害腰肌，腰椎也会受不了，容易导致血压升高，患有"三高"等慢性病的人会面临安全风险。

选择下蹲锻炼的人，如用错方法，同样有害。例如，猛蹲、猛站是老人活动的大忌，因为这会导致血压大幅波动，极易引发意外。老人若强求深蹲锻炼，还有可能造成膝关节损伤，因为下蹲时膝盖弯曲，负荷增加，长时间或频繁蹲起会磨损膝盖，引起膝关节疼痛，甚至发展成骨性关节炎。

此外，临床上也常见久蹲后起身时扭到腰的例子。患有膝、髋、踝关节损伤或腰椎间盘突出、腰背疼痛的人，都易出现这一问题。正因如此，骨科医生建议，此类患者在捡东西时不要直接弯腰，而应保持上身直立，单膝弯曲，半蹲拾取。

【学习小结】

1）回顾蹲姿的基本要求。
2）在遇到不同情形时，常采用不同的蹲姿，其中有高低式和交叉式蹲姿。
3）蹲姿的禁忌：不要突然蹲下、不要距人过近、不要毫无遮掩、不要蹲着休息。

【知识巩固】

一、选择题

1. 女士采取交叉式蹲姿时，退左脚蹲下，身体重心在（　　）。
A. 左腿　　　　　B. 左脚　　　　　C. 右腿　　　　　D. 右脚
2. 关于蹲姿描述错误的是（　　）。
A. 上身保持正直　B. 一脚后撤一步　C. 男女膝盖并拢　D. 臀部向下
3. 采用蹲姿拾取物品时，应蹲在物品的（　　）拾取。
A. 后方　　　　　B. 前方　　　　　C. 上方　　　　　D. 侧方

二、判断题

1. 在舞台上合影时需要下蹲，女士应采用高低式蹲姿。　　　　　　　（　　）
2. 在公共场合下蹲时，应注意遮掩。　　　　　　　　　　　　　　　（　　）
3. 无论采用何种蹲姿，身体的姿态都以站姿为基础。　　　　　　　　（　　）

三、简答题

1. 简述蹲姿的基本要求。
2. 简述高低式蹲姿的具体要求。
3. 蹲姿的禁忌有哪些？

【课堂练习】

进行高低式、交叉式蹲姿训练。

项目三　城市轨道交通服务人员仪态礼仪的训练

任务五　城市轨道交通服务人员手势的训练

【学习目标】

1. 掌握手势的基本要求。
2. 掌握不同场景下采用不同的手势。
3. 掌握手势的禁忌。

【情境导入】

体态语作为语言交际的"第二表现方法",不仅可以弥补有声语言的不足,而且在特定的交际环境中起到"此时无声胜有声"的作用。据语言学专家的研究,人们在面对面的交流中,只有35%左右的信息是通过语言传递的,而65%左右的信息是通过动作、手势和表情等无声语言来传递的。就城市轨道交通服务而言,手势语是使用频率较高的体态语言。作为城市轨道交通服务人员,在运用服务语言时,如果能恰到好处地发挥手势的作用,将会大大提高服务质量,增强与乘客交流的效果,从而更有效地在乘客心目中树立良好的服务形象,赢得对方的好感和信任,具体如图3-27所示。

图 3-27　城市轨道交通服务人员手势礼仪

【理论知识】

手势的运用有时候是一种单独活动;有时候是与身体的其他部位协调配合,相互呼应的。服务人员在运用手势时,必须规范使用。

一、手势的基本要求

服务人员在运用手势时,伸出的手掌要求五指伸直并拢,以肘关节为支点,掌心朝上,指尖指示目标,空闲的手臂可自然垂放于体侧。具体遵循以下五点要求。

55

1. 意思准确

服务人员的手势必须与语言的内容一致，不能让乘客难以理解，甚至误解。虽然相同的手势在不同的民族、国家会有不同的意思，但手势又有一定的规范性和大体的一致性。

2. 简单明了

服务人员的每一个手势都要力求简单、精练、清楚、明了，要做到干脆利索、优美动人，不要过于烦琐、拖泥带水。

3. 手势适度

服务人员使用手势必须控制其使用频率和幅度，如果没有手势，对话内容会有呆板的感觉；但手势动作过多，会给人留下装腔作势、缺乏涵养的感觉。

4. 自然大方

手势的使用要自然大方，不要太机械、僵硬，应与身体体态协调一致。

5. 手势开放

服务人员在运用手势时，尽量选择就近一侧的手臂进行指示，使手势呈开放、舒展状态，避免使用交叉手势。当手拿物品或不方便指示时，才可使用另一只手臂进行指示。

二、不同场景下的手势

1. 服务手势

按照空间划分，将方向分为左右两侧，分别用左、右手指示。一侧的空间按照高度分为上、中、下三个区域，上部区域采用直臂式，中部区域采用横摆式和曲臂式，下部区域采用斜臂式。

（1）直臂式　这种手势常用于指示较远或者高处的方向。以左手为例，大臂带动小臂从身体左侧抬起，使肘关节与肩平齐，小臂与大臂呈145°，五指伸直并拢，掌心与地面呈45°夹角，如图3-28所示。伴以服务用语"请从前方上楼梯""请看上方地铁线路图"等。

（2）横摆式

1）单臂横摆式。以左手为例，五指伸直并拢，掌心不能凹陷，手臂从体侧抬起至指尖高度与肩部齐平。大臂与身体夹角呈30°，大臂与小臂夹角约130°，手掌与地面夹角呈45°，右手自然下垂，如图3-29所示。同时身体可向左前方倾斜，面部转向乘客，目视来宾，面带微笑。右手反之。常用于近距离的方向指示、乘客的引领、迎来送往等情景。

图 3-28　直臂式

图 3-29　单臂横摆式

2）双臂横摆式。以左侧为例，左手呈单臂横摆式，右手小臂从身体前方由下向上抬起至上腹部位置，距离身体约20cm处，使小臂与地面平行，五指并拢，掌心向上，如图3-30所示。这种手势用于宾客较多时，向众多来宾表示"诸位请"或用来指示方向。

（3）曲臂式　当就近一侧的手不方便使用时，如手拿物品、手扶把手或操作电梯门时，可使用另一只手，采用曲臂式做出"请"的手势或指示方向。以左手为例，小臂从身体前方由下向上抬起至上腹部位置，距离身体约20cm处，使小臂与地面平行，五指并拢，掌心朝上，头部随乘客由左向右转动，面带微笑，如图3-31所示。

（4）斜臂式　在请乘客入座、提示脚下台阶等时，常采用斜臂式手势。手臂伸直斜向下方，五指伸直并拢，指尖指向指示方位，如图3-32所示。用服务用语提示服务对象"请看指引""小心台阶"等。

图3-30　双臂横摆式

图3-31　曲臂式

图3-32　斜臂式

2. 常用手势

（1）挥手道别　身体站直，目视对方，手臂向上、向前伸出，指尖朝上，掌心朝外，手臂向左右两侧轻轻挥动，如图3-33所示。

图3-33　挥手道别

（2）递接物品　主动向前，双手为宜，留出便于对方接取物品的地方，递送物品到对方手中。带尖、带刃的物品要将尖刃朝向自己如图 3-34 所示，文件正面要朝向对方。在接拿物品时，要主动靠近对方，当对方递过物品时再以双手接拿，不可抢夺。

（3）举手致意　面对对方，手臂向上伸出，掌心向外，指尖朝上，切勿乱摆，如图 3-35 所示。多用于向他人表示问候、致敬、感谢之意，可悄然无声地进行，也可伴以语言。

图 3-34　递接物品

图 3-35　举手致意

三、手势的禁忌

在日常生活中，某些手势会令人极其反感，严重影响交际形象。在工作中，随意用手指指点点、摆弄自己的手指或是双手抱头、抱胸、触摸自己的身体、当众挠头、掏耳朵、擦眼、剜鼻等行为习惯都会给人留下缺乏公共意识的印象；在工作中，不允许手插口袋，这会使乘客觉得服务人员工作上不尽力。

【学习小结】

1. 手势的基本要求

手势要意思准确、简单明了、适度、自然大方和开放。

2. 不同情况的手势

要学会在不同的场景下采用不同的服务手势。服务手势包含直臂式、单臂横摆式、双臂横摆式、曲臂式和斜臂式。

常用手势包含挥手道别、递接物品和举手致意。

3. 手势的禁忌

禁止用手指指点点、不允许手插口袋等。

【知识巩固】

一、选择题

1. 用手势作为指示时，以下说法错误的是（　　）。
   A. 五指伸直并拢　　　　　　　　B. 用食指指示
   C. 掌心斜向上　　　　　　　　　D. 选择开放式手位
2. （　　）用于迎接众多宾客。
   A. 双臂横摆式　　　　　　　　　B. 单臂横摆式
   C. 斜臂式　　　　　　　　　　　D. 直臂式
3. 做出手势时，身体可（　　）。
   A. 保持直立　　　　　　　　　　B. 向反方向倾斜
   C. 向同一方向倾斜　　　　　　　D. 背对宾客

二、判断题

1. 斜臂式手势常伴以请入座的服务用语。（　　）
2. 在递送尖锐物品时，不可笔尖朝向对方。（　　）
3. 手势语的运用要与身体的其他部位协调配合，相互呼应，以便更好地为乘客服务。（　　）

三、简答题

1. 简述手势语的基本要求。
2. 服务时常用的手势语有哪些？
3. 手势语使用时的禁忌有哪些？

【课堂练习】

1. 直臂式、横摆式、曲臂式及斜臂式的训练。
2. 挥手道别、递接物品及举手致意等常用手势的训练。

任务六　城市轨道交通服务人员手信号的训练

【学习目标】

1. 掌握手信号的定义。
2. 掌握手信号的操作要领。
3. 掌握停车手信号、紧急停车手信号、发车手信号、引导手信号、关门手信号的显示条件、时间、地点、方法及收回时机。

【情境导入】

地铁站务员小姐姐朝我画圈圈是什么意思

细心的乘客朋友会发现：在乘坐地铁时，乘客在上下车、站台门关闭后，站务员总是抡圆手臂画圈圈。站务员"画圈圈"的手势到底代表什么意思呢？

其实这是地铁日常工作中常用的一种"手信号"，一般在乘客上下车完毕后，站务员确认列车关门正常及站台安全后，就会抡起手臂，朝列车方向做圆形转动，向司机传达"好了"信号，报车控室一切正常、列车出站并目送列车驶出站台，如图3-36所示。地铁车站对来去匆匆的乘客来说，只是一个短暂停留的地方。但对站务员来说，哪怕乘客只是停留片刻，他们也想把自己的专业素养通过语言、表情、手势等传递给乘客。

图3-36　接发列车作业示意

【理论知识】

一、手信号的定义

手信号是列车运行过程中普遍采用的一种显示信号，要求通过信号灯、信号棒、信号旗、信号牌、手臂状态的变化使接收信号的行车人员第一时间明确信号显示的意义并遵守与执行。

轨道交通手信号一般是指工作人员通过使用旗、灯、棒、牌和徒手去显示相关的信号。

项目三 城市轨道交通服务人员仪态礼仪的训练

城市轨道交通服务人员常用的五种手信号分别为停车手信号、发车手信号、引导手信号、紧急停车手信号和关门手信号。信号灯及信号旗的颜色为红绿两种。

二、手信号的操作要领

1) 位置适当：显示手信号时，须站立在安全、规定的位置。
2) 动作及时：显示信号要及时，掌握好每一个动作的变化时间。
3) 姿势端正：显示信号要做到姿势端正，显示标准，符合规定。
4) 发车手信号、停车手信号及关门手信号不得在站台以外的线路上显示，并且不得越过黄色安全线。
5) 引导手信号、关门手信号及发车手信号均使用绿色信号灯或徒手显示。

三、手信号操作及姿势

1. 停车手信号

（1）使用目的　要求列车停车。
（2）使用条件　采用电话闭塞法组织行车，在接车时使用。
（3）显示时间　看见列车头部接近车站时开始显示。
（4）显示地点　站立于规定停车位置（安全线以内，车头停车牌靠后的位置）。
（5）徒手显示法　站立于规定位置，面向来车方向，靠近轨道的手臂伸直与地面平行且五指并拢伸直，掌心正对来车方向，如图3-37所示。

图3-37　徒手停车手信号

（6）手势收回时机　列车头部越过距离停车手信号显示地点5m的地方时，方可停止显示。

2. 紧急停车手信号

（1）使用目的　要求司机紧急停车。
（2）使用条件　发现危及行车或人身安全时使用。
（3）显示时间　发现任何危及行车及人身安全的情况，要求列车立即停车时显示。
（4）显示地点　站立于规定停车位置（安全线以内，正对来车方向的位置）。
（5）徒手显示法　先在墙面上按压紧急停车按钮，再快步朝来车方向行走或跑步，缩小与列车之间的距离，同时打出紧急停车手信号，让司机尽早看到紧急停车手信号。

步骤一，先按墙上的紧急停车按钮，如图3-38所示。

图 3-38　按紧急停车按钮

步骤二，发紧急停车手信号，如图 3-39 所示。

图 3-39　发紧急停车手信号

在发紧急停车手信号时，两臂伸直，五指并拢高举头顶，两臂左右交叉急速摇动。要求两臂摇动时需有交叉过程。

（6）**手势收回时机**　确认列车已经停车或事故已经发生。

注意：紧急停车手信号发出前，必须按压站台紧急停车按钮。信号防范优先于人工防范。

3. 发车手信号

（1）**使用目的**　要求司机动车。

（2）**使用条件**　采用电话闭塞法组织行车，在列车发车时使用。

（3）**显示时间**　要求司机发车，一般情况下此作业要结合电话闭塞法一起进行，须确认发车进路正确、路票填写正确后交司机，并且确认车门、安全门关闭良好且缝隙安全。

（4）**显示地点**　站台端头处，安全线以内，面对司机室侧窗。

（5）**徒手显示法**　右手臂伸直且五指并拢，面对司机室的位置，向列车车轮转动（列车运行）方向做圆周转动，如图 3-40 所示。

（6）**手势收回时机**　列车启动后，方可停止显示。

4. 引导手信号

（1）**使用目的**　准许列车进入车场或车站。

（2）**使用条件**　人工手摇道岔后或信号故障情况下使用。

（3）**显示时间**　当进路准备妥当，司机进入要道后，准许列车进出地铁站、车场或进入岔区。

项目三　城市轨道交通服务人员仪态礼仪的训练

图 3-40　徒手发车手信号

注意：现场办理人员准备进路完毕，按值班员的指示显示引导手信号，列车司机依据引导手信号动车，列车启动后方可收回引导手信号。

（4）**显示地点**　站在列车经过的进路附近的安全区域。

（5）**徒手显示法**　面对来车方向，右臂伸直且五指并拢，高举头顶上方左右摇动，如图 3-41 所示。

图 3-41　徒手引导手信号

（6）**手势收回时机**　列车启动后，方可收回。

5. 关门手信号

（1）**使用目的**　提示司机关车门。

（2）**使用条件**

1）清客完毕或曲线站台车门及安全门关好且缝隙安全。

2）车门及安全门故障、夹人夹物处理完毕时使用。

（3）**显示时间**

1）终点站确认清客完毕，打关门手信号，指示司机可以关门。

2）列车故障、救援等清客完毕，打关门手信号，指示司机可以关门。

3）曲线站台列车不需要清客时，确认车门及安全门关好，指示司机可以关门。

4）曲线站台列车需要清客时确认清客完毕，打关门手信号，指示司机可以关门。确认车门及安全门关闭好且缝隙安全、站台乘客候车安全，方可再次打关门手信号。

（4）**显示地点**

1）直线站台终点站、中间站清客、车站站台紧急停车按钮处。

2）曲线站台车门、安全门关好，站台中部无障碍电梯靠外侧，安全线内侧的位置。

3）单扇安全门故障、夹人夹物时，直线站台在故障发生点对应安全门处，曲线站台在故障发生点对应处、司机可视范围内。

4）两到三扇安全门故障、夹人夹物时，在最后处理的一个故障点对应的安全门处；三扇以上安全门故障、夹人夹物时，在就近的紧急停车按钮处。

（5）徒手显示法 面对列车，右臂五指并拢且伸直上举，前后摇晃，手臂抬高，手臂摆动幅度为 30°~45°，如图 3-42 所示。

图 3-42　徒手关门手信号

（6）手势收回时机

1）确认清客完毕，车门及安全门开始关闭时收回。

2）曲线站台要确认车门及安全门关好且缝隙安全，司机动车时收回。

3）车门及安全门故障、车门及安全门夹人夹物处理完毕，列车启动时收回。

【学习小结】

手信号的显示事件、显示地点和显示时间称为显示手信号的三要素。

对于手信号的显示方式和意义，各地铁运营企业均制定了严格及科学的规定，手信号尽量直接明了、简单易行。

【知识巩固】

一、选择题

1. 站务员"画圈圈"的手势到底代表什么意思呢？（　　）

A. 停车手信号　　　　　　　　　B. 发车手信号

C. 引导手信号　　　　　　　　　D. 紧急停车手信号

2. 关门手信号如何徒手显示（　　）。

A. 面对来车方向，右臂伸直且五指并拢，高举头顶上方左右摇动

B. 右手臂伸直且五指并拢，面对司机室的位置向列车车轮转动方做圆周转动

C. 面对列车，右臂五指并拢且伸直上举，前后摇晃，手臂抬高，手臂摆动幅度为 30°~45°

D. 两臂伸直，五指并拢高举头顶，两臂左右交叉急剧摇动

3. 关门手信号的使用目的（　　）。

A. 提醒乘客关车门　　　　　　　　B. 提醒站务员关车门

C. 提醒乘客快速上车　　　　　　　D. 提示司机关车门

二、判断题

1. 城市轨道交通服务人员常用的五种手信号分别为停车手信号、发车手信号、引导手信号、紧急停车手信号和关门手信号。（　　）

2. 发车手信号的使用目的是要求司机动车。（　　）

3. 信号灯及信号旗的颜色为红绿两种。（　　）

三、简答题

1. 手信号操作的要领有哪些？

2. 什么叫手信号？

3. 关门手信号的显示时间有哪些？

【课堂练习】

情景模拟：模拟站台安全员接发列车服务现场，进行情景演练。

场景1：车门已关好，站务员给出发车手信号。

场景2：根据其他设定的情景，相应地给出其他手信号。

实施步骤：

1. 教师组织学生分组，5~6人为一组，选出小组负责人。

2. 学生分别负责扮演站务员、行车值班员和乘客。

3. 仔细揣摩各个人物的特征，模拟上述人物的对话过程。

4. 模拟结束后，在小组内进行讨论分析。

项目四

城市轨道交通服务人员实务礼仪的演练

【教学引导】

车站是城市轨道交通系统中的重要区域，是供乘客乘降、换乘和候车的场所。城市轨道交通服务人员应在车站各环节、各岗位为乘客提供优质的服务，保障乘客的乘车安全，而其中的服务礼仪，则是一个重要的环节。它旨在帮助城市轨道交通服务人员与乘客顺畅沟通，在服务中体现我国传统礼仪中"敬人"这一核心思想。轨道交通服务人员通过对车站服务实务礼仪的演练，掌握车站各项服务礼仪技巧，以自己得体的专业服饰、训练有素的言谈举止和待人接物等行为方式，侧重岗位要求，熟悉就业岗位礼仪，营造出和谐的氛围，给乘客留下美好的乘车体验，并能熟练运用礼仪解决常见问题，为乘客提供更优质、更高效的服务。注意，在所有的城市轨道交通服务中，话术需要结合微笑的面部表情。切记一点——"一仪替千言、一笑代万语"。

城市轨道交通系统是一个复杂且庞大的系统，每天都有成千上万名乘客通过城市轨道交通出行，服务人员也在为广大乘客提供方方面面的服务，方便乘客的出行。服务人员在处理问询、引导、乘客投诉等时，要与乘客交谈。那么，城市轨道交通服务人员在为乘客进行服务时，应该遵循哪些服务礼仪呢？

任务一　城市轨道交通电话服务礼仪演练

【学习目标】

1. 能够做好电话服务前的准备工作。
2. 能够正确把握接打电话的服务过程。
3. 能够做好电话服务的结束通话工作。
4. 能够正确把握电话服务过程中的注意事项。
5. 能熟练掌握电话服务常用语。

【情境导入】

"晋善晋美，大美太原！您好！这里是太原地铁2号线康宁街站，请问有什么可以帮到您？"太原地铁服务人员王伟正在接听服务热线，如图4-1所示。

乘客："你好，我们一家人从上海乘高铁来太原旅游，刚从高铁站出来，想去迎泽公园，请问该如何搭乘地铁？"

"您好，您的问题我已经了解了，您可以乘坐807路公交车前往太原地铁2号线南中环站，然后搭乘地铁2号线到大南门站下车，往东步行约150m即可到达迎泽公园。"王伟答道。

乘客："谢谢！乘车线路我清楚了，感谢你们的热情服务！"

王伟："不客气，感谢您的来电。"

王伟告诉记者，诸如此类的电话咨询，他们每天都要接到很多，能够为乘客提供及时准确的电话服务,他感到自豪。

图 4-1　地铁服务人员接听服务热线

问题:如何像王伟一样,为广大乘客提供优质的城市轨道交通电话服务?
启示:掌握城市轨道交通电话服务礼仪技巧。

电话是当前社会中应用最为普遍的通信工具之一。在城市轨道交通系统中,电话是服务人员与上级、下级,以及外界沟通联络的重要渠道。为了保证服务工作的质量、提升服务的效率,服务人员必须掌握正确、礼貌的电话沟通礼仪,将"尊重他人"及"以礼敬人"等先内化为自身的品德,再外化为友善的礼节。

一、准备工作

在接打电话前,要准备好记录工具。电话机旁应配备纸、笔、计算机等,可供随时记录重要信息。电话服务准备工作如图 4-2 所示。

图 4-2　电话服务准备工作

在接打电话前,应先将需要沟通的事项简单整理并罗列出来,以免在通话过程中遗忘。应使用正确的接电话的姿势,单手握紧听筒,停止一切不必要的动作,切忌让对方感觉你在处理与电话内容无关的事情。

要选择合适的时间、地点、场合进行通话。应避免在午休时间或下班时间打工作电话,一般早上 8 点之前或晚上 10 点之后均不适宜拨打工作电话。还要考虑对方接电话的地点是否安静、场合是否方便等，如果不得不在对方不方便的时候打扰，应表示歉意并说明原因。

二、接打电话

服务人员在接打电话时，应做到：文明礼貌、大方自然、语调热情、音量适中、表达清楚和简明扼要。

在接听电话时，应尽量在电话铃响三声之内带着微笑迅速接起电话并说出"您好"，让对方在电话中感受到热情的服务态度，如延迟太久接电话时应先致歉。接电话后应主动上报单位（部门）名称及姓名，通话时要音调适中、吐字清晰、语气柔和沉稳。如果想知道对方是谁，不要唐突地问"你是谁？"，可以说"请问您是哪位？""对不起，可以知道如何称呼您吗？"。

在通话过程中，唇部和话筒保持 4cm 左右的距离，耳朵要贴近听筒，仔细听对方讲话。通话时要用心听，当对方谈话内容很长时，应予以适时的回应，如"是的、好的"等，以示认真倾听。当需要对方等待或暂时搁置电话时，应说明情况并致歉。接听电话要用心，右手空出以便随时记录有用的信息，可以按谁（who）、何时（when）、何地（where）、原因（why）、如何（how）的顺序来询问以便记录信息，记录后复述内容，尤其要记下人名、地名、日期、电话号码和数字等极其重要的信息。

如果是拨出电话，服务人员应注意控制通话时间，一般通话时长不超过 3min，简明扼要地把事项交代清楚即可。

三、结束通话

通话结束前，可以将刚才谈过的内容重点复述一下，用积极的态度感谢对方的来电或接听。一般应由拨出电话的一方提出通话结束。当与上级或"尊者"通电话时，理应让对方先挂电话。放话筒时动作要轻，应尽量在对方挂断电话后再放下话筒。留言或转告要及时执行，将来电所托事项填写在"电话留言便笺"上，或以口头形式传达，或以便条形式传递。

四、注意事项

在接打电话时，还应注意以下事项。

1. 妥善处理故障

当通话线路突然中断或出现故障时，应由拨出电话的一方负责重拨，接通后应先表示歉意。如果在一定时间内拨出电话的一方仍未重拨，接听电话的一方也可主动拨出。

2. 礼貌中断

通话过程中如有必要与同事讲话确认事项，应说"请您稍等"，然后捂住话筒，小声交谈，返回时应说"让您久等了"。

3. 准时等候约定的回电

如果约定某人某时回电话，届时一定要在电话机旁等候。当有事需要离开时，务必告知同事自己准确的返回时间，以防打来电话时同事无从应答。

4. 妥善处理留言

当对方要找的人不在时，应主动询问对方是否需要留言或转告。对电话留言要及时处理，如回电话时恰遇对方不在，一定要留言，表明已经回过电话。如果自己确实无法亲自回电，就要委托他人代办。

五、电话服务常用语

1）您好！这里是××公司××部（室），请问有什么可以帮到您？
2）××不在，请问可以由我替您转告吗？
3）对不起，此类业务请您向××部（室）咨询，他们的号码是××。
4）感谢您的来电，为了保证信息的准确，我这里再简单复述一遍，请您核对有没有遗漏的地方。
5）××女士/先生，感谢您的来电，我稍后就将您提出的问题给予及时处理，并在第一时间再次与您沟通确认。
6）××女士/先生，感谢您的来电，您的宝贵意见对我们非常重要。

 知识拓展

太原地铁开通以来持续改进服务，不断优化客运组织，持续提升运力和服务水平。在电话服务方面更是推出了便民举措，以方便百姓出行，其客服中心的环境如图4-3所示。太原地铁服务热线0351-7527999，24小时服务市民，承接有关太原地铁业务范围内的各类建议、咨询、表扬和投诉等。

图4-3 太原地铁客服中心的环境

太原地铁还推出了爱心车站服务，行动不便的乘客可提前拨打服务热线进行服务预约。各相关车站将配合共同完成接送乘客进站、上车、下车、换乘、出站等工作，为特殊人群提供全程接力式服务。

太原地铁在2号线的23个站联合设失物招领云平台，可为乘客提供失物查询与代寻服务，服务电话为0351-7527899，人工服务时间为07∶30—21∶30，语音留言时间为21∶30—次日07∶30。

【学习小结】

同学们通过学习本任务的内容，应能熟练掌握正确、礼貌的电话沟通礼仪，以自己的专业知识、职业素养和恰当的礼仪规范,做好城市轨道交通电话服务工作,从而保证服务工作的质量、提升服务的效率。

【知识巩固】

一、选择题

1. 服务人员在接打电话时,应做到(　　)、表达清楚、简明扼要。
   A. 文明礼貌　　　　B. 大方自然　　　　C. 语调热情　　　　D. 音量适中
2. 在通话过程中,唇部和话筒保持(　　)左右的距离,耳朵要贴近听筒,仔细听对方讲话。
   A. 1cm　　　　　　B. 2cm　　　　　　C. 3cm　　　　　　D. 4cm
3. 如果是拨出的电话,服务人员应注意控制通话时间,一般通话时长不超过(　　)min,简明扼要地把事项交代清楚即可。
   A. 1　　　　　　　B. 2　　　　　　　C. 3　　　　　　　D. 4

二、判断题

1. 在接打电话前,应先将需要沟通的事项详细整理罗列出来,以免在通话过程中遗忘。(　　)
2. 当通话线路突然中断或出现故障时,应由拨出电话的一方负责重拨,接通后应先表示歉意。(　　)
3. 通话结束前,可以将刚才谈过的内容重点复述一下,用积极的态度感谢对方的来电或接听。一般应由拨出电话的一方提出通话结束。(　　)

三、简答题

1. 接听电话的时候应注意哪些事项?
2. 通话过程中应注意哪些事项?
3. 结束电话应注意哪些事项?

【课堂练习】

情景模拟:模拟电话服务现场,进行情景演练。
场景1:乘客打电话咨询地铁运营的相关情况。
场景2:乘客打电话寻找丢失的物品。
实施步骤:
1. 教师组织学生分组,5~6人为一组,选出小组负责人。
2. 学生分别负责扮演站务服务人员和乘客。
3. 仔细揣摩各个人物的特征,模拟上述人物的对话过程。
4. 模拟结束后,在小组内进行讨论分析。

任务二　城市轨道交通问询服务礼仪演练

【学习目标】

1. 把握问询服务要点。
2. 掌握问询沟通技巧。
3. 能够处理问询服务常见问题。
4. 熟练掌握问询服务常用语。

【情境导入】

周峰是太原地铁 2 号线嘉节站客服中心的一名服务人员。某日上午 9 时，他在值班过程中看见一位中年女性乘客在站厅焦急地踱来踱去了很久，于是他主动走上前去询问。

"您好，这里是太原地铁 2 号线嘉节站，我是值班的服务人员周峰。我注意到您在站厅踱步了很久，请问有什么我可以帮到您的吗？"周峰关切地问道。

"小伙子你好，我女儿在太原工作，我从外地过来陪她住几天。我早上从家里出来想买点菜，买了菜往回走，怎么也想不起来回家要坐到哪站下车了。"乘客说道。

"阿姨您别着急，我可以帮您回想一下。您女儿家住哪个小区您知道吗？"周峰问道。

"这个我知道，我女儿住气象局宿舍，离地铁站不远，我今天早上走了两步就到地铁站了。"乘客回答道。

"请您稍等，我帮您查询一下离气象局宿舍最近的地铁站是哪一个。"周峰通过查询机很快查到了位置。

"阿姨您久等了，我帮您查到，距离您女儿所住的气象局宿舍最近的地铁站是通达街地铁站，步行距离约 440m，耗时约 6min，您今早应该也是从那里过来的。"周峰回答道。

"是的是的，我想起来了，你看我这记性！我女儿嘱咐了我好几次呢，就是通达街站没错！"乘客激动地说道。

"那就好，您只要下到站台搭乘前往西桥方向的列车，坐两站就到了。"周峰说。

"好的好的，真是太感谢你了小伙子！不然我还真不知道该怎么办了，谢谢！"乘客感激地说道。

"不客气，阿姨，这是我们应该做的，感谢您乘坐太原地铁 2 号线，欢迎您下次乘坐。"周峰答道。

周峰告诉记者，他们每天都要解答许许多多来自乘客的问询，为乘客提供及时、准确、周到、热情的问询服务是他工作的重点内容。

请问：如何像周峰一样，为广大乘客提供优质的城市轨道交通问询服务？

启示：掌握城市轨道交通问询服务的礼仪技巧。

【理论知识】

在城市轨道交通系统中，服务人员为广大乘客提供的问询服务是方便乘客地铁出行的重要手段。为了保障乘客地铁出行的便利、提升服务工作的质量，服务人员必须掌握恰当、礼貌的问询服务礼仪，要将内在的涵养外化为全心全意为乘客服务的工作表现，如图 4-4 所示。

图 4-4　问询服务

一、问询服务要点

当乘客问询时，服务人员应面带微笑正视乘客，礼貌地询问"先生/女士，您好，有什么需要我帮助您的吗？"如在行走时遇到乘客问询，应立即停下脚步，主动关切地询问"先生/女士，有什么事需要我帮忙吗？"以示诚恳和亲切。

服务人员在回答乘客问询时，要站立回答，站姿要标准，一般距离乘客 30~40cm 为宜，目视乘客，注意力集中，聆听乘客的问题，尽量做到边听边记录，给乘客一种备受重视之感。服务人员在回答乘客提问时，语言要精简、准确，语气温和，表达要清晰，发音要标准。不能漫不经心地应付，说话声音不宜过大或过小（可根据年龄做适当调整）。

服务人员在解答乘客问询时，对于不知道的事或者不确定的事项，切勿信口开河、敷衍了事。遇到讲话含糊不清、语速非常快的乘客，要礼貌委婉地请乘客重复一遍，切忌自己没听懂或者不明白就主观臆断，给出含糊或者错误的解答。如果遇到自己处理不了的事情，应引导乘客到乘客服务中心或者有关岗位去咨询。

服务人员在有多位乘客同时问询时，应沉着冷静，严格按照先后顺序，分清轻重缓急，逐一作答，不能只顾着和一位乘客交流沟通，而要注意用眼神与其他乘客交流（不宜时间太长，示意即可）。

对于乘客的当面批评与指责，如果属于工作人员的疏忽所致，工作人员应先安抚乘客情绪并道歉，然后对乘客关注和提出的问题表示感谢，并立即报告上级进行相应的处理。

对于乘客无理的要求，服务人员需要平静处理，或婉言拒绝，或委婉回答："很抱歉，我确实无法满足您的要求,请您谅解!"切不可与乘客针锋相对。对于乘客提出的超出自己权限的要求,服务人员应报告上级进行相关处理。

在问询服务中,服务人员应尽量做到百问不厌、百问不倒;应熟练掌握本岗位的业务基础知识,多总结、积累、了解其他相关岗位的业务知识,多收集交通、旅游、购物、餐饮、住宿、医疗等相关延伸知识,这样才能为乘客提供有效的帮助。

二、问询沟通技巧

服务人员使用的语言要与城市轨道交通运营企业的定位,以及乘客群体的文化层次相适应,同时还要注意克服在语言上容易出现的一些问题,如责难、侮辱、冷漠的语言,以及随意应付的语言。为了让广大乘客满意,服务人员必须掌握一定的沟通技巧。

1. 双向沟通

双向沟通是有效沟通的基本特征。城市轨道交通问询服务是服务人员与乘客之间的一种双向沟通。在问询服务的过程中,乘客并不是完全处于被动状态的,而是可以通过观察和沟通,对服务人员进行评价、提出要求的。服务人员也可以通过乘客的言行举止来判断乘客的态度、偏好及对服务的满意程度,从而及时调整自己在问询服务中的表现。

2. 端正的服务态度

城市轨道交通服务人员要树立端正的服务态度,树立全心全意为乘客服务的工作意识,如图4-5所示。城市轨道交通服务人员在接待乘客问询时,应做到:主动、热情、诚恳、周到、文明、礼貌。服务人员要做到:接待乘客要文明礼貌、纠正违章要态度和蔼、处理问题要实事求是;接待乘客热心、解决问题耐心、接受意见虚心、工作认真细心;主动迎送、主动扶老携幼、照顾重点乘客、主动解决乘客困难、主动介绍乘车常识、主动征求乘客意见。

图4-5 服务态度端正有礼示意

3. 重点照顾

对老、弱、病、残、孕及怀抱婴孩或其他一些有特殊困难的乘客,应给予体贴照顾、热情服务,满足乘客的特殊需要,如图4-6所示。注意,在提供帮助前应先征得他们的同意。这部分乘客虽然数量少,但是服务人员应重点服务的对象,因为他们往往是最需要帮助的人。对于需要重点照顾的乘客,服务人员在服务工作中,要以当好"老年人的儿女""婴孩的保姆""病人的陪护""行动不便的人的拐杖""视力障碍者的眼睛""聋哑人的耳口"为己任,规范自己的服务工作,从而体现城市轨道交通服务人员的职业素养。例如,对于行动不便的乘客,最好能陪同其上下站厅;对于身体不适的乘客,引导其去休息室休息,待其身体状况好转后,再送乘客进站、出站;对于坐轮椅的乘客,引导其使用无障碍电梯等。

图 4-6　重点照顾行动不便的乘客

三、问询服务常见问题

1. 乘客询问乘车线路

按照城市轨道交通服务标准,服务人员对乘客提出的问题要做到有问必答。当乘客问路时,如果服务人员知道,应清楚详细地告诉对方怎么走,必要时可以绘制一张线路图。如果服务人员不知道,不能信口开河、敷衍了事,可以说"抱歉,我不清楚,我马上帮您询问其他工作人员",并立即询问。

2. 乘客要求寻人寻物

真正树立"察乘客之所想、解乘客之所急、帮乘客之所需"的主动服务意识,车站服务人员在记录乘客的寻人寻物信息后,应立即向综控室工作人员汇报,并请综控室工作人员将此信息通报各站,发动各站进行寻找。同时,请乘客留下姓名、地址、联系电话等信息,以便后续联系。

3. 乘客询问如何购票

当乘客询问如何购票时,车站服务人员应耐心回答,必要时可亲自向乘客演示如何使用自动售票机,如图 4-7 所示。

图 4-7 服务人员向乘客演示如何使用自动售票机

四、问询服务常用语

1）欢迎语："欢迎您乘坐××地铁""欢迎您来我站检查指导工作"。

2）问候语："先生/女士，您好"。

3）告别语："再见""欢迎您下次乘坐"。

4）征询语："您好，请问有什么可以帮您""您有什么需要帮助的吗？""您还有别的需要吗？""请您慢些讲""我没听清您的话，您能再说一遍吗？"

5）应答语："不必客气""没关系""很愿意为您服务""这是我们应该做的""我明白了""好的""是的""非常感谢""感谢您的提醒"。

6）道歉语："实在对不起""请原谅""抱歉让您久等了""给您造成的不便请您谅解"。

五、问询服务语言禁忌

在问询服务过程中，禁止使用冷漠、斥责、不耐烦、命令式的语句。例如，"不""不知道""这不是我们的责任""我们没有这样的规定""说了你也不懂""你没看见我正在忙吗""现在才说，早做什么去了"等。这些语句会影响乘客的心情，容易使乘客对城市轨道交通运营企业留下不好的印象。

此外，服务人员在服务过程中还要注意，不要出现以下说话方式：

1）声音太大或太小；声音慵懒倦怠，呼吸声音过大，鼻音过重，让人感到局促不安和犹豫。

2）口齿不清，语言含糊，令人难以理解；语速过慢，使人感觉烦闷；语速过快，使人思维无法跟上。

3）语言平淡，使用过于专业的术语。

4）使用责备的口吻，甚至粗鲁的语言。

5）随意打断乘客说话，表现出不耐烦的情绪和神色；边走边回答乘客的问询或不断地看手表；手放到口袋里或双臂抱在胸前；手扶座椅靠背或坐在扶手上。

6）谈论与工作无关的事情；与乘客嬉笑玩闹，对乘客评头论足。

> ### 知识拓展
>
> #### 爱心服务台
>
> 2021年5月20日，太原地铁2号线长风街站、大南门站的"爱心服务台"启用，如图4-8所示。将坚持以"始于乘客需求　忠于乘客满意"为目标，为乘客提供解答问询服务、收集乘客建议、建立良好的沟通渠道。同时，服务台特推出"孕妈妈优享贴"，方便工作人员与乘客识别，安检人员看到后免手检仪探测，服务人员看到后主动提供帮助，同时倡导其他乘客主动让座。
>
>
>
> 图4-8　太原地铁2号线的长风街站和大南门站的"爱心服务台"
>
> 两处服务台各有特色，其中，长风街站的"兴兴服务台"以"爱心相伴、暖心相随"为服务主题，以太原地铁2号线吉祥物"兴兴"命名。大南门站的"晋心驿站"以"晋善晋美　晋心晋力"为服务主题，"晋心"亦有"尽心"之意。
>
> 对于特殊人群，服务台的工作人员会积极主动协助乘客购票、安检、上下车、乘坐无障碍电梯等，特殊情况下可为乘客提供轮椅服务，确保特殊乘客出行无忧。为方便乘客的出行，服务台提供线路咨询服务，旨在解决乘客出行困难等问题。在服务台旁还为乘客定制了服务宣传架，特别推出了挂钩自取式"出行便利贴""地铁乘车指南宣传册"及"乘车安全手册"，供有需要的乘客自行取用。
>
> 此外，若乘客丢失了物品或与家人走散，可至服务台寻求帮助，工作人员会提供广播服务及线上失物查找服务；当携带大件行李物品需要帮助时，这里有爱心小推车可以使用；服务台还配备了便民服务箱、急救药箱、热水、糖果等，供乘客之需。

【学习小结】

同学们通过学习本任务的内容，应能熟练掌握正确、礼貌的问询服务礼仪，以自己的专业知识、职业素养和恰当的礼仪规范，做好城市轨道交通问询服务工作，从而保证服务工作的质量、提升服务的效率。

【知识巩固】

一、选择题

1. 在回答乘客问询时，要站立回答，站姿要标准，一般距离乘客（　　）cm为宜，目视乘客，注意力集中，聆听乘客的问题，尽量做到边听边记录，给乘客一种备受重视之感。

A. 10　　　　　　B. 15　　　　　　C. 35　　　　　　D. 45

2. 城市轨道交通服务人员在接待乘客问询时，应做到：（　　）文明、礼貌。

A. 主动　　　　　B. 热情　　　　　C. 诚恳　　　　　D. 周到

3. 真正树立"察乘客之所想、解乘客之所急、帮乘客之所需"的主动服务意识，车站服务人员在记录乘客的寻人寻物信息后，应立即向（　　）工作人员汇报。

A. 票务室　　　　　　　　　　　　B. 站厅室

C. OCC　　　　　　　　　　　　　D. 综控室

二、判断题

1. 对于乘客的当面批评与指责，如果属于工作人员的疏忽所致，工作人员应先安抚乘客情绪并道歉，然后对乘客关注和提出的问题表示感谢，并立即报告上级进行相应的处理。（　　）

2. 如果有乘客问路，当工作人员不知道时，可直接拒绝回答。（　　）

3. 在回答乘客问询时，要站立回答，站姿要标准。（　　）

三、简答题

1. 遇有"老弱病残孕"等乘客应注意哪些事项？
2. 当乘客问路时，应如何解答？
3. 乘客要挂失物品该如何处理？

【课堂练习】

情景模拟：模拟问询服务，进行情景演练。

场景1：外地来的乘客不认识路，进行问询。

场景2：特殊群体乘客在站内乘车时，作为站务员应该给予全方位的帮助。

实施步骤：

1. 教师组织学生分组，5~6人为一组，选出小组负责人。
2. 学生分别负责扮演站务服务人员和乘客。
3. 仔细揣摩各个人物的特征，模拟上述人物的对话过程。
4. 模拟结束后，在小组内进行讨论分析。

任务三　城市轨道交通安检服务礼仪演练

【学习目标】

1. 了解安检服务设备及内容。
2. 掌握安检服务礼仪要求。
3. 能够解决安检服务常遇到的问题。

【情境导入】

张琪是杭州地铁1号线龙翔桥站的一名安检人员。龙翔桥站位于杭州西湖风景区附近,每天前来游玩的乘客络绎不绝。某日,张琪在值班过程中,接待了一名带着孩子的妇女,孩子手里携带了一枚氢气球。

"女士您好,请将您随身携带的行李物品放到检测仪上,谢谢您的配合。"张琪说道。

这名妇女非常配合地将随身物品放在了检测仪上,便领着孩子准备进站。

"女士,您好!不好意思,您孩子携带的氢气球是不能进站上车的,否则会给行车安全带来隐患,麻烦您配合一下我们的工作。"张琪说道。

于是这名妇女对孩子说道:"安检的阿姨说了,咱们不能带着氢气球进站,把气球交给阿姨,好吗?"

"不要,我就要带气球进去,我不给!"孩子说道。

于是,张琪蹲下身子,和颜悦色地对孩子说:"小朋友,阿姨这里有一个小老虎玩偶,阿姨拿小老虎和你交换气球好不好?"

"真的吗?你真的有小老虎吗?"孩子问道。

"当然是真的啦,不信我变给你看!"张琪拿出口袋里备用的小老虎玩偶给孩子看。

"小老虎真可爱,阿姨,我愿意拿气球换你的小老虎。"孩子说道。

"好呀,那咱们交换之后,咱俩就是好朋友了。"张琪说道。

"嗯嗯,阿姨,从今天起咱俩就是好朋友了。"孩子说道。

妇女顺利地带着孩子进了站。

事后张琪说,每天都有很多携带氢气球的孩子进入车站。在车站循环广播氢气球禁止携带进站的情况下,依然会有很多不了解政策规定的乘客。于是,他们就采取这种办法来应对这种突发情况。这样既能保障广大乘客的安全,又能有效安抚小朋友的情绪。城市轨道交通安检违禁物品如图4-9所示。

图4-9 城市轨道交通安检违禁物品

问题：如何像张琪一样为广大乘客提供优质的城市轨道交通安检服务？

启示：掌握城市轨道交通安检服务礼仪技巧。

【理论知识】

安全检查（以下简称安检）是乘客在进入城市轨道交通车站时必须履行的检查手续，是保障乘客人身安全的重要预防措施。城市轨道交通具有人流密度大、密闭性强、列车运行位置特殊等特点，极易成为不法分子选择的犯罪场所。实施安检，一方面能够在心理层面上对不法分子进行威慑，将其不法动机扼杀于萌芽阶段；另一方面，可以通过人防、技防、物防的有效串联，将易燃易爆物品、枪支弹药、管制刀具等危及运营安全的物品置于车站门外，是乘客安全出行和运营稳定的有效保障措施。为保障乘客安全，在城市轨道交通范围内实施安检是一项必然的举措。

在城市轨道交通系统中，服务人员为广大乘客提供的安检服务是保障乘客安全出行的重要手段。为保障乘客乘坐地铁出行的便利、提升安检服务的工作质量，服务人员必须掌握恰当、礼貌的安检服务礼仪。

一、安检服务设备及内容

1. 安检设备

地铁安检一般有三种检查设备。

1）X射线机安检设备，主要用于检查乘客的行李物品，如图4-10所示。

2）探测检查门，主要用于检查乘客是否携带违禁物品，如图4-11所示。

3）磁性探测器，也叫手提式探测器，主要用于对乘客进行近身检查，如图4-11所示。

图4-10　X射线机安检设备

图4-11　探测检查门及磁性探测器

2. 行李物品检查

乘客在进入地铁大厅时，首先将行李物品放到X射线安检设备的传送带上，安检人员可通过显示器查验行李物品，如发现有异物，需要乘客配合安检人员开包检查。若存在违禁物品，安检人员有权力要求乘客转乘其他交通工具或将违禁物品丢弃（一些物品也可暂由车站代为保管，如保管16小时），公安机关明令禁止的违禁物品可进行查没，并做好相关记录。拒不配合安检、情节严重者可转交公安机关。

3. 乘客随身携带物品的检查

乘客通过特设的探测门进行随身物品的检查。当乘客通过探测门时如果发出报警声，服务人员需要用手持式金属探测仪再次检查，将可能发出报警声的钥匙、手机等金属物品取出，直到检查时不再发出报警声为止。

二、安检服务礼仪要求

服务人员在工作时要遵守各项法律法规和城市轨道交通的各项规章制度，服从城市轨道交通各级领导管理，对违反法律法规或城市轨道交通规章制度的现象应予以拒绝并及时向上级报告。

服务人员要严格遵守劳动纪律，不迟到、不早退、不擅离职守、不做与工作无关的事情；按规定着装上岗，佩戴标识要规范，自觉维护安检人员的岗位形象；认真履行岗位职责，协助其他警员做好安全工作；文明值岗，态度和蔼，遇事讲究方式方法，要做到以理服人，尽一切可能站在乘客的角度去思考问题及解决问题。服务人员在穿着安检制服乘车时，应主动礼让乘客，自觉维护城市轨道交通安检人员的形象。

在安检之前，服务人员应主动向乘客提示："您好，请您接受安检，感谢您的配合。"在检查时，服务人员应主动伸手去帮助乘客把大件行李放到检测仪上或抬到桌子上。检查之后，服务人员应向乘客表示感谢并帮助乘客把大件行李从检测仪上拿下来。注意，为了避免财物纠纷的发生，一定不要单独接触乘客的财物。

熟练掌握各种安检设备的操作及物品识别方法。服务人员按照"逢包必检"的安检要求，宣传引导乘客进入安检区域，对可疑物品进行针对性探测，确定可疑物性质，及时移交给民警处理，并做好记录；对无异常的行李予以通过，疏导乘客尽快离开安检点，以免影响后续乘客通行。

乘客近身安检的原则是"男不查女"，主要是为了避免尴尬。目前，受安检人员数量限制，负责贴身安检工作的安检人员以女性为主。

三、安检服务常遇到的问题

1. 乘客携带超长、超重物品

服务人员在发现乘客携带超长、超重物品时，提醒乘客："对不起，您所携带的物品超长、超重，按照地铁的相关规定，请您换乘其他交通工具。"服务人员耐心地向乘客解释城市轨道交通的有关规定，建议乘客改乘其他交通工具。如果乘客因为东西太重不愿意出站，可以给予乘客帮助。

2. 客流高峰时的安检

在客流高峰安检时，服务人员要和颜悦色地提醒乘客加快行进速度，并提醒后面待检的乘客提前做好安检准备，避免出现拥挤忙乱的现象。如果乘客过多，服务人员可以采用手持检测仪进行检查，以加快安检速度。

3. 乘客包内有违禁物品

服务人员在发现乘客包内有违禁物品时，把包拿到一边进行仔细检查，保护好乘客隐私，耐心地向乘客解释城市轨道交通的有关规定，并向乘客介绍哪些物品是违禁品。如果遇到态度强硬的乘客，服务人员可以向值班站长或者站内公安机关寻求帮助。

4. 乘客携带液体进站

服务人员发现有乘客携带液体进入车站时，微笑走上前说："您好，按照地铁的相关规定，对液体进行检测，您也可以试喝一下，感谢您的配合。"如果遇到固执的乘客，服务人员需耐心解释，微笑服务，必要时可请求值班站长处理。

四、安检服务常用语

情景一：引导乘客进行 X 射线机安检

"乘客您好，请您将随身物品放到安检机上接受安检，谢谢您的配合。"

情景二：用 X 射线机安检时发现有疑似违禁物品

"乘客您好，我们发现您的包里有疑似违禁物品，请您跟我们的工作人员那边检查一下，谢谢您的配合。"

"乘客请您跟我这边走。"

"乘客您好，请您打开包。"

"乘客您好，按照××地铁的规定，禁止携带管制刀具进入地铁，我们也可为您暂时保管，请您登记一下，谢谢您的配合。"

情景三：手提式探测器安检话术及动作要领

"乘客您好，我们发现您身上携带了疑似违禁物品，请您接受检查。"

"您好，请您双臂微张，五指分开，左脚平跨一步。"

安检人员在安检时的动作要领：在手持安检仪对乘客安检时，从乘客的前半身由左衣领开始，至左臂外侧、左臂内侧、腋下、左前胸、左腰至左腿一直延伸左脚位置，并转向右脚，向上延伸至右前胸、腋下、右臂内侧、右臂外侧、右衣领，到此前半身检查完毕。

"请您转身，谢谢您的配合。"

动作要领：乘客的后半身由头部开始，手检设备与肩平行向下延伸至后腰位置，再由右后腿到右脚跟，右腿内侧转至左腿内侧，左脚跟，向上延伸至左后腰位置，检查完毕。

"谢谢您的配合，欢迎您再次乘坐××地铁。"

知识拓展

压缩罐装喷雾属违禁品 不能进地铁

2017 年 5 月 15 日中午，在武汉市地铁 2 号线中山公园站，一名女乘客因携带补水喷雾被安检人员拦下，原因是这种压缩罐式的喷雾属易燃易爆违禁品，是不能带进地铁的。女乘客很纳闷，问道："我这个喷雾是在国外买的，过海关都没事儿，为什么就不能进地铁呢？"武汉地铁安检人员解释，地铁是地下交通工具，人员密集，而且人和物品不能分离，不能像坐飞机那样可以托运，一旦发生危险，后果不堪设想。因此，对于易燃易爆物品查控很严，如果喷雾类的压缩罐上印有"小火苗"标识，或是写有"易燃"字样的都是违禁品，不能带进地铁。

【学习小结】

同学们通过学习本任务的内容，应能熟练掌握正确、礼貌的安检服务礼仪，以自己的专业知识、职业素养和恰当的礼仪规范，做好城市轨道交通安检服务工作，从而保证服务工作的质量，提升服务的效率。

【知识巩固】

一、选择题

1. 地铁安检一般有三种检查设备，分别是（   ）。
   A. X 射线机安检设备　　　　　　　　　B. 探测检查门
   C. 磁性探测器　　　　　　　　　　　　D. 闸门
2. 乘客进入地铁大厅时，首先将行李物品放到（   ）的传送带上，安检人员可通过显示器查验行李物品。
   A. X 射线机安检设备　　　　　　　　　B. 探测检查门
   C. 磁性探测器　　　　　　　　　　　　D. 闸门
3. 严格遵守劳动纪律，（   ）。
   A. 不迟到　　　　　　　　　　　　　　B. 不早退
   C. 不擅离职守　　　　　　　　　　　　D. 不做与工作无关的事情

二、判断题

1. 客流高峰安检时，服务人员要和颜悦色地提醒乘客加快行进速度，并提醒后面待检的乘客提前做好安检准备，避免出现拥挤忙乱的现象。（   ）
2. 乘客通过特设的探测门进行随身物品检查，当乘客通过探测门时如发出报警声，服务人员需用手持式金属探测仪再次检查，有没有声音都没关系。（   ）
3. 当发现乘客包内有违禁物品时，把包拿到一边进行仔细检查，保护好乘客隐私。耐心地向乘客解释城市轨道交通的有关规定，向乘客介绍哪些物品是违禁品。如果遇到态度强硬的乘客，可以向值班站长或者站内公安机关寻求帮助。（   ）

三、简答题

1. 遇乘客携带超长物品该如何处理？
2. 遇乘客携带液体进站该如何处理？
3. 安检礼仪的要求是什么？

【课堂练习】

情景模拟：模拟安检服务现场，进行情景演练。
场景1：乘客准备携带自行车通过安检进站。
场景2：乘客携带违禁物品通过安检进站。
实施步骤：
1. 教师组织学生分组，5~6人为一组，选出小组负责人。
2. 学生分别负责扮演安检员和乘客。
3. 仔细揣摩各个人物的特征，模拟上述人物的对话过程。
4. 模拟结束后，在小组内进行讨论分析。

项目四　城市轨道交通服务人员实务礼仪的演练

任务四　城市轨道交通引导服务礼仪演练

【学习目标】

1. 掌握引导方法。
2. 学会引导手势。
3. 熟悉引导服务常见情景。

【情境导入】

北京地铁引导员变"段子手":把服务用语编成顺口溜

"先看脚下,再看手机。电梯温柔,也要注意安全。谢谢您的合作,旅途愉快。"一听到这熟悉的声音,经常在东四乘坐地铁 6 号线的乘客就会开心一笑。张立文是地铁东四站的一名文明引导员,他把日常的服务用语编写成了有温度的"顺口溜",让大伙儿很快记住了这个热心的北京大伯。

57 岁的张立文被网友们亲切地称为"段子手",他编写的这些"顺口溜",总让乘客在行色匆匆中会心一笑。地铁站里人流如梭,人们步履匆匆,但在见到张立文时,许多人会主动上去打个招呼。最近,有人把他服务的场面拍成视频,发到网上,张立文的知名度更高了。

张立文说,他的这些段子,都是晚上吃完饭没事儿时写的。根据不同的场景、不同的天气,写了不少。这里头,很多是根据日常工作中遇到的情况写出来的。他说,早高峰的时候,许多年轻人不吃早饭就来挤地铁,导致低血糖晕倒的情况比较多。虽然他随身带着糖,但是提醒年轻人注意身体更重要。于是就有了这样一个段子:"特殊天气,爱惜身体,早餐要吃,健康第一,爱心提示,请您切记。"

网友们都说,张立文更像是一个穿着"柠檬黄"的老街坊,他的"段子"都很暖心。不过,他挂在嘴边最多的,却是"向乘客学习,向乘客致敬"。他说,地铁东四站是个换乘站,去北海、南锣鼓巷、火车站的人最多,要服务好乘客,就一定要为乘客着想,把北京人的热心劲儿体现出来。张立文每次说完服务用语,总是要加一句"旅途平安";当站台门关闭,列车缓缓启动时,他总是打一个敬礼。久而久之,经常在东四上下车的乘客见到他,也主动跟他打招呼。经常有人感叹:张师傅熟人真多啊!

张立文当了四年文明引导员,在地铁东四站也值勤了四年。四年来,城市发展日新月异,北京的轨道交通也在大踏步地发展着。让他欣慰的是,站台上的秩序也在一天天地好起来。插队的乘客少了,排队等候成了习惯。即使是在繁忙的早、晚高峰时段,站台上也是有条不紊。"这四年,地铁越来越快,发车间隔也越来越小了,高峰的时候 1min 1 趟,再也不用担心赶不上地铁了。"

四年来,地铁 6 号线从草房延伸到了更东边的通州潞城,张立文的段子也有了新变化:"不用着急不用跑,1min 1 趟,一会儿就到潞城。旅途愉快。"

问题：如何像张立文一样，为广大乘客提供优质的城市轨道交通引导服务？

启示：掌握城市轨道交通引导服务礼仪技巧。

【理论知识】

城市轨道交通系统是一个复杂且庞大的系统，乘客进入地铁站乘车时，有时不免会感到茫然、手足无措，特别是对于那些不熟悉轨道交通的乘客。所以，适当、礼貌地引导就非常有必要。

一、引导方法

引导方法主要有以下几种：

1. 走廊引导法

服务人员在乘客两三步之前，走在乘客的左侧，如图4-12所示。

图4-12　走廊引导

2. 楼梯引导法

服务人员在引导乘客上楼时，应让乘客走在前面；若是下楼，则是服务人员走在前面，乘客在后面，上下楼梯时应注意乘客的安全，如图4-13所示。

图4-13　楼梯引导

3. 电梯引导法

服务人员在引导乘客使用手扶电梯时，使用引导手势为乘客做出提示，让乘客保持有序安全地使用。引导乘客进入直升电梯时，服务人员先进入电梯，等乘客进入后关闭电梯门，到达时按"开"按钮，打开电梯门，让乘客先走出电梯，如图4-14所示。

图4-14 电梯引导

二、引导手势

引导手势是城市轨道交通服务人员在工作中运用最多的一种体态语言。无论着装如何规范、服务语言如何亲切，在与乘客交流时，如果用一根手指戳戳点点，职业形象顿时大打折扣。因此，适当的手势可以增加语言的说服力，甚至能表达出语言无法表达的思想内涵。

引导手势的运用要规范。在做手势的同时，要配合眼神、表情和其他姿态，才能显得大方，切忌用单个食指指示方位。城市轨道交通服务中常用到的引导手势有以下几种。

1. 横摆式

一只手手掌自然伸直，五指并拢，手心斜向上，肘微弯曲，手掌、手腕和小臂成一条直线。以肘关节为轴，手从腹前抬起向右（或左）摆至身体右（或左）前方。女性服务人员可站丁字步，另一只手下垂、背于体后或侧放。注视乘客，面带微笑，表现出对乘客的尊重和欢迎，常在表示"请""请进"时使用。横摆式引导手势如图4-15所示。

图4-15 横摆式引导手势

2. 直臂式

将一只手的五指并拢,手掌伸直,屈肘从身前抬起,向指引的方向摆去,摆到与肩同高,肘关节基本伸直,掌心朝向正前方,如图4-16所示。这种手势常用于为乘客指引方向。当制止乘客抢上时,也可使用直臂式引导手势,此时,掌心向下。

图4-16 直臂式引导手势

3. 斜摆式

斜摆式分为斜上、斜下两个方向。将一只手先从身体一侧抬起,高于腰部后再向下摆去,掌心向前,用于请乘客就座时,手指应朝向座位的地方,如图4-17a所示。也可以将一只手向上摆,与头顶同高,手指合拢,掌心向前,如图4-17b所示,常用于指引乘客上楼或查看行李架等高处的物品。

a) b)

图4-17 斜摆式引导手势

4. 双臂式

两只手从腹前抬起,双手上下放置,手心向侧上,向身体两侧摆动,摆至身体的侧前方,上身稍前倾,微笑施礼向乘客致意,然后退到一侧,如图4-18所示。这种手势常用于向较多乘客说"请"时。

图 4-18　双臂式引导手势

三、引导服务常见情景

1. 问询引导服务

有的乘客在候车时，会分不清方位，比较焦虑，到了站台站在指示牌前，他们也会焦急地问站务员："请问到××站应该坐哪个方向的车？""请问到××地方应该从哪个出口出站？"作为站务员，态度要积极热情，耐心详细地解答。问询引导服务如图 4-19 所示，具体做法如下：

1）用适当的引导手势指示方向。一只手手掌伸平，五指自然收拢，掌心向上，小臂稍向前伸，指向乘客要去的方向，不要伸出一个手指头指指点点。

2）在解答乘客问询时使用敬语，"您可以往××方向走"。

3）乘客表示感谢时应礼貌回应，"不用谢""这是我们应该做的"。

4）如果乘客提出的问题，站务员无法给出确切的答案，需要向乘客耐心解释，提醒乘客需要再核查一下。在这种情况下，站务员不要直接回答"不知道"，也不要信口开河，回答一些误导性或错误信息给乘客，应该带着乘客到问询处或者有关岗位去咨询，直到乘客满意，力求做到引导工作善始善终。

图 4-19　问询引导服务

2. 残疾人引导服务

1）由出入口进出站厅，如果有直梯，则帮助残疾乘客搭乘直梯；如果没有直梯，则安排乘客乘坐残疾人专用电梯。

2）引导与陪同。在推行轮椅的过程中，应注意行进速度与稳定性；在轮椅陪护过程中，应减少对其他乘客的妨碍，提示周围乘客避让。

3）协助安检。引导乘客至安检位置，对乘客的行李和轮椅进行检查，尽可能由同性别的工作人员完成，尽量减少琐碎不便的环节，并给予乘客足够的尊重。

4）协助进出付费区。引导乘客至售票处，带乘客完成购票；引导乘客从宽通道或专用通道进出付费区，并帮助其刷卡。

5）协助上下车。引导乘客至划定的站台无障碍候车区域，疏导其他乘客到相邻车门排队候车，使用渡板让乘客安全上下车，如图4-20所示。上车时，要将乘客护送至车厢内无障碍专用位置，确认轮椅已经制动或用列车上专用挂钩固定，并提醒乘客坐稳扶好。

6）通知目的地站。告知乘客目的地站会有服务人员接送，在引导他们坐上列车后，通知目的车站及换乘车站的工作人员，该乘客所乘车次、车号、发车时间、所在车门位置、列车路线等信息，目的地站应做好相应的准备工作。

图4-20 残疾人引导服务

3. 自动售票机引导服务

服务人员需要为初次使用自动售票机购票或在购票时遇到困难的乘客提供引导服务，如图4-21所示。在为乘客进行购票引导时，在空间允许的前提下，服务人员应站在乘客左手边，与乘客保持适当的距离，使用引导手势按购票步骤进行引导。在引导时，服务人员要吐字清晰，语速适当。常用的服务语言有："乘客您好，请问您准备好零钱了吗？售票机只接收一元硬币或×元纸币。""请问您去哪个车站？"当乘客不清楚要去哪个车站时，可询问乘客去往的目的地："请问您要去哪里呢？"当售票机退回乘客投入的钱币时，服务人员需要向乘客解释："抱歉，您这张钱有点儿旧，售票机比较灵敏，不能识别，请您换一张。"最后，要提醒乘客在出票（找零）口拿取车票以及找回的零钱。原则上服务人员不允许接收乘客的纸币帮乘客购票。

图4-21 自动售票机引导服务

知识拓展

京港地铁员工接受专业助残培训 提升助残服务技能

2016年5月15日，第二十六次全国助残日当天，北京京港地铁有限公司联合北京市残疾人联合会、北京市残联无障碍环境建设促进中心共同举办了"爱·同行"——京港地铁助残主题公益活动。北京市残联无障碍环境建设促进中心主任、北京市肢残人协会副主席、北京奥组委残奥会志愿者培训专家等出席了本次活动，并为京港地铁近百位员工进行专业助残培训。

在培训中，北京市残联无障碍环境建设促进中心主任向学员们介绍了"无障碍环境建设工作"的内容和社会意义；北京奥组委残奥会志愿者培训专家向学员们教授了助残礼仪，并与学员们互动分享了他们在以往开展助残志愿服务的技巧和专业知识。

本次培训还精心安排了互动环节，通过角色扮演，现场学员身份由帮扶者转变为被助者，切身感受视觉障碍乘客以及肢体残障乘客的出行体验，用心感悟残障乘客的出行需求。通过身份转换的体验与换位思考，学员深刻认识到助残服务精神，了解并掌握了助残服务技巧与方法，未来能够更好地为残障乘客提供服务。

京港地铁相关负责人表示，京港地铁作为国内城市轨道交通领域首个引入外资的中外合资企业，在行业各个领域积极地履行企业社会责任。保障残障乘客的出行安全、便捷是京港地铁的重要工作任务之一，使命光荣，责无旁贷。今后，京港地铁将进一步完善助残服务标准规范，为残障乘客提供更可靠、更方便、更舒适的出行服务。

京港地铁员工表示，通过这次助残培训，自己对助残事业有了更深入的了解，在今后的工作中，会从更标准和更专业的角度服务残障乘客。京港地铁员工接受专业的助残培训如图4-22所示。

图4-22 京港地铁员工接受专业的助残培训

【学习小结】

同学们通过学习本任务的内容，应能熟练掌握正确、礼貌的引导服务礼仪，以自己的专业知识、职业素养和恰当的礼仪规范，做好城市轨道交通的引导服务工作，从而保证服务工作的质量、提升服务的效率。

【知识巩固】

一、选择题

1. 引导手势有（   ）。
   A. 横摆式　　　　　B. 直摆式　　　　　C. 斜摆式　　　　　D. 双臂式
2. 引导方式有（   ）。
   A. 走廊引导　　　　B. 楼梯引导　　　　C. 直梯引导　　　　D. 电梯引导
3. 在为乘客进行购票引导时，在空间允许的前提下，服务人员应站在乘客（   ），与乘客保持适当的距离，使用引导手势按购票步骤进行引导。
   A. 左手边　　　　　B. 右手边　　　　　C. 前边　　　　　　D. 后边

二、判断题

1. 引导手势是城市轨道交通服务人员在工作中运用最多的一种身体体态语言。无论着装如何规范、服务语言如何亲切，在与乘客交流时，如果用一根手指戳戳点点，职业形象顿时大打折扣。（   ）
2. 引导手势的运用要规范。在做手势的同时，要配合眼神、表情和其他姿态，才能显得大方。切忌用单个食指指示方位。（   ）
3. 服务人员在引导乘客上楼时，应让乘客走在后面；若是下楼，则是服务人员走在前面，乘客在后面，上下楼梯时应注意乘客的安全。（   ）

三、简答题

1. 引导方式是如何分类的？
2. 对残疾人该如何引导服务，需注意哪些事项？
3. 如何进行自动售票机的站务服务？

【课堂练习】

同学们分为两组，即乘客组和站务组。自由设计场景进行引导手势练习。

要求：站务组同学恰当地运用四种引导手势进行服务，要注意各自的仪态规范。可以把练习拍摄下来，供大家回放，纠正错误。

任务五　城市轨道交通交谈服务礼仪演练

【学习目标】

1. 能够正确把握交谈礼仪的基本要求。

2. 能够正确把握交谈服务技巧。
3. 了解交谈服务语言禁忌。
4. 能熟练掌握交谈服务常用语。

【情境导入】

2 岁外籍儿童地铁走失　地铁员工双语广播助寻亲

2015 年 10 月 12 日 17：05，苏州地铁 3 号线北港路地铁站工作人员董文婷在巡视车站时，发现一名约 2 岁的外籍小女孩在车站非付费区徘徊，她一边走一边看，不哭不闹。董文婷特别留意了一下，但奇怪的是，几分钟过去了，小女孩还是一个人，身边并没有其他大人，她判断这是一个与家人走失的小孩子。

董文婷温柔和蔼地与小女孩对话，试图帮助她找到父母。因小女孩年龄太小，中文也不流利，说不出几条有用的信息。于是董文婷通知值班站长到场，先带小女孩到站长室。董文婷考虑到小女孩是外籍的，于是她组织了语句，特地用中英双语播报寻人广播，并通过车站的内网向全线车站发布相关信息。

15min 之后，小女孩的母亲听到广播来到站长室，家人得以团聚。

问题：如何像董文婷一样为广大乘客提供优质的城市轨道交通交谈服务？

启示：掌握城市轨道交通交谈服务礼仪技巧。

【理论知识】

在城市轨道交通系统中，服务人员为广大乘客提供问询、引导、处理乘客投诉等服务，这也是保障乘客乘坐地铁顺利出行的重要手段。在此过程中，服务人员要与广大乘客进行交谈。为了保障乘客地铁出行时的便利、提升引导服务工作的质量，服务人员必须掌握恰当、礼貌的交谈服务礼仪。

一、交谈礼仪的基本要求

城市轨道交通服务人员必须根据城市轨道交通服务的具体要求和实际情况来使用服务用语。在交谈服务过程中，语言运用得当、言语得体、清晰、悦耳，会使乘客有愉快亲切之感，同时会对服务人员产生相应的好感。反之，生硬、无力、刺耳的语言会使乘客难以接受、留下不好的印象，甚至会遭到乘客的投诉，从而影响城市轨道交通运营企业的形象。

《城市轨道交通客运服务》（GB/T 22486—2022）中对服务人员的服务用语有以下要求：

1）服务语言应使用普通话。
2）问询、播音应提供英语服务。
3）服务用语应表达规范、准确、清晰、文明、礼貌。
4）服务文字应用中文书写，民族自治地区还应增加当地的民族文字。
5）应根据本地区的特点提出交谈禁忌语，对服务人员应进行禁忌语的培训。

二、交谈服务技巧

服务人员使用的语言要与企业的定位及乘客群体的文化层次相适应，同时还要注意克服在语言上容易出现的一些问题，如责难的语言、侮辱的语言、冷漠的语言和随意敷衍的语言。要让乘客满意，服务人员就必须掌握一定的交谈技巧。地铁车站的交谈服务如图4-23所示。

图 4-23　地铁车站的交谈服务

1. 双向交流

双向交流是有效沟通的基本特征。交谈服务是服务人员与乘客之间的一种双向交流，在交谈服务过程中，乘客并不是完全处于被动状态的，而是通过观察和沟通，可以对服务进行评价并提出要求。服务人员也可以通过乘客的言行举止来判断乘客的偏好及对服务的满意程度，从而调节自己在服务中的行为表现。

2. 正确的交谈态度

在交谈服务中，服务人员需要根据实际情况采用合适的态度进行服务。例如，在正常的交谈服务中，应采用合作甚至适当迁就的态度与乘客沟通。但若乘客的行为威胁到城市轨道交通的运行安全、乘客的生命财产安全和服务人员的人身安全，服务人员要采取坚持原则的态度与之沟通。

3. 谦逊文雅的用语

服务人员用语要谦逊文雅，如称呼对方为"您"；用"贵姓"代替"你叫什么"。多用敬语、谦语和雅语，能体现出服务人员的文化素养和尊重乘客的良好品德。

4. 音量语速适中

服务人员咬字要清晰、音量要适度，以对方听清楚为准，切忌大声说话，语调要平稳，使乘客感到亲切自然。如果语速过快，就会给人以敷衍的印象；如果语速过慢，就会让乘客觉得工作能力不强，浪费彼此的时间。

交谈用语的礼仪看似简单，但要真正做到却绝非易事，这就需要服务人员平时多加练习以加强修养，才能使交谈服务工作更好地开展，才能使我国的优良传统得到进一步发扬光大。

三、交谈服务语言禁忌

在交谈服务过程中，禁止使用冷漠、斥责、不耐烦、命令式的语句。例如，"不""不知道""这不是我们的责任""我们没有这样的规定""说了你也不懂""你没看见我正在忙吗""现在才说，早做什么去了"等。这些语句会影响乘客的心情，会给乘客对城市轨道交通运营企业留下极其不好的印象。

此外，服务人员在交谈服务过程中不要出现以下说话方式：

1）声音太大或太小，声音慵懒倦怠，呼吸声音过大，鼻音过重，让人感到局促不安和犹豫。

2）口齿不清，语言含糊，令人难以理解；语速过慢，使人感觉烦闷；语速过快，使人思维无法跟上。

3）语言平淡，使用过于专业的术语；使用责备的口吻，甚至粗鲁的语言。

4）随意打断乘客说话，表现出不耐烦的情绪和神色；边走边回答乘客的问询或不断地看手表；手放到口袋里或双臂抱在胸前；手扶座椅靠背或坐在扶手上。

5）谈论与工作无关的事情；与乘客嬉笑玩闹，对乘客评头论足。

四、交谈服务常用语

（1）**文明用语**　常用的文明用语如下："您好""请""对不起""谢谢""再见"。

（2）**欢迎用语**　常用的欢迎用语如下："欢迎您乘坐××地铁""欢迎您来我站检查指导工作"。

（3）**问候用语**　常用的问候用语如下："先生/女士，您好"。

（4）**告别用语**　常用的告别用语如下："再见""欢迎您下次乘坐"。

（5）**征询用语**　常用的征询用语如下："您好，请问有什么可以帮您""您有什么事情需要帮忙的吗""请您慢些讲""我没听清您的话，能请您再说一遍吗"。

（6）**应答用语**　常用的应答用语如下："不必客气""没关系""愿意为您服务""这是我们应该做的""我明白了""好的""是的""非常感谢"。

（7）**道歉用语**　常用的道歉用语如下："实在对不起""请原谅""让您久等了""谢谢您的提醒"。

 知识拓展

青岛地铁一线员工用真情服务助力文明出行：主动请缨的志愿之光

"文明"是什么？对青岛地铁的广大员工而言，"文明"既是与乘客相遇时的笑脸相迎，又是车站设施设备的整齐洁净；既是看到乘客困难时的主动帮扶，又是志愿者在车站和列车中忙碌的身影……青岛地铁在助力文明出行的道路上从未懈怠，不断涌现出一批批全心全意擦亮"畅达幸福"服务品牌的典型人物。他们敢于担当、恪尽职守、身行力践，用实际行动描绘着岛城文明出行的美好蓝图。

地铁站内外，志愿者是乘客旅途中的暖心保障，当乘客面露焦虑时，有他们及时的关切询问；当乘客彷徨无助时，有他们果断的帮助响应；面对乘客的大包小包，志愿者手提肩扛，提供着无微不至的服务。志愿者李某便是其中的典型代表。

每当看到有老人携带大件行李进站时，瘦瘦的李某就会立刻上前帮助乘客将行李搬到安检机的传送带上；每当看到有乘客在售票机前犹豫不定时，她就会立刻上前询问乘客需求，帮助购买车票、引导进站。工作间隙，她则站立在进站入口，细心观察客流情况，面带微笑随时准备为乘客排忧解难。一举一动总关情，一丝一毫永真诚。这些反映了李某坚韧的品性以及内心对志愿服务的无限热爱，随着越来越多的"红马甲"加入地铁志愿服务的大家庭，地铁站里闪动着的一抹抹红色，成为一道亮丽的风景线。

【学习小结】

同学们通过学习本任务的内容，应能熟练掌握正确、礼貌的交谈服务礼仪，以自己的专业知识、职业素养和恰当的礼仪规范，做好城市轨道交通交谈服务工作，从而保证服务工作的质量、提升服务的效率。

【知识巩固】

一、选择题

1. 下面属于文明用语的是（　　）。
   A. 喂　　　　　　B. 你好　　　　　　C. 请　　　　　　D. 再见
2. （　　）是服务人员与乘客之间的一种双向交流。
   A. 交谈服务　　　B. 贴心服务　　　　C. 交流服务　　　D. 帮助服务
3. 哪些是冷漠、斥责、不耐烦、命令式的语句？（　　）
   A. 不知道　　　　　　　　　　　　　B. 你自己看
   C. 不　　　　　　　　　　　　　　　D. 这不是我们的责任

二、判断题

1. 在交谈服务过程中，语言运用得当、言语得体、清晰、悦耳，会使乘客有愉快亲切之感，同时会对服务人员产生相应的好感。反之，也没关系。（　　）
2. 若乘客的行为威胁到城市轨道交通的运行安全、乘客的生命财产安全和服务人员的人身安全，服务人员要采取坚持原则的态度与之沟通。（　　）
3. 如果乘客胡搅蛮缠，影响正常工作，可用强迫的语气让其离开。（　　）

三、简答题

1. 正确的交谈态度需要注意哪些事项？
2. 交谈服务的常用语有哪些？
3. 交谈服务用语的禁忌是什么？

【课堂练习】

情景模拟——与需要帮助的乘客沟通

情景模拟：

某日，许欣在站厅巡视过程中，发现一个五六岁的小男孩在站厅徘徊，他走来走去，不哭也不闹，几分钟过去后，小男孩还是一个人，身边并没有其他的大人。许欣来到小男孩身边，询问他为什么一个人来到地铁站。小男孩表示他是和爸爸一起来的，人多拥挤，不小心走散了。许欣将小男孩带到了休息室，并将情况上报给值班站长。值班站长安排许欣播送寻人广播，并通过车站的内网向全线车站发布相关信息。20min 后，值班站长领着小男孩的爸爸快步走进了休息室……

实施步骤：
1. 教师组织学生分组，5~6 人为一组，选出小组负责人。
2. 学生分别负责扮演许欣、小男孩、小男孩的爸爸、值班站长和相关群众。
3. 仔细揣摩各个人物的特征，模拟上述人物的对话过程。
4. 模拟结束后，小组内进行讨论分析。

任务六　城市轨道交通售票服务礼仪演练

【学习目标】

1. 能够正确把握售票服务基本职责。
2. 能熟练掌握售票服务基本要求。
3. 能够正确把握售票服务过程中的注意事项。
4. 能熟练掌握票务服务常用语。

【情境导入】

某日，一位乘客在某站由于上次乘车闸机故障显示未出站，造成无法进站，因而到乘客服务中心办理票卡更新。售票员不耐烦地说："拿出你的车票，我们将扣除您 2 元，因为你上次出站违规了。"乘客一听就急了，大声说："为什么扣我钱？是你们的设备有问题，才让我没法出站的！"售票员也不示弱："这个你和值班站长说去！我这边的处理就是扣钱才能进站。"两个人越吵越厉害，该乘客非常生气，要找本站的值班站长投诉该售票员，并且记下了售票员的员工号码。

问题：如果你是该名售票员，会如何处理此事来避免纠纷与投诉？
启示：掌握城市轨道交通售票服务礼仪技巧。

【理论知识】

以北京地铁公司乘客服务中心为例，其通过人工服务形式面对面地为乘客提供免费雨具、手机充电、地铁线路图、报纸、杂志、休息座椅、优惠券打印、无线网络覆盖、地铁公交换乘导向图和应急药品等一站式便民服务项目。人工问询、票务兑零、闸机看护三项服务工作量最大，有效补充了车站客运服务项目。

北京地铁乘客服务中心始终以乘客需求为导向，不断完善服务功能，持续提高服务品质，已成为地铁公司独有的服务品牌和综合服务平台。乘客服务中心将以统一的服务标准、贴心的服务理念、丰富的服务项目、先进的服务设备，打造北京地铁服务文化品牌，为乘客提供更加优质和贴心的增值延伸服务。

在城市轨道交通系统中，售票员为广大乘客提供问询、售票、处理坏票、换零等服务，有效保障了乘客顺利的出行。为了保障乘客地铁出行的便利、提升票务服务工作的质量，售票员必须掌握恰当、礼貌的售票服务礼仪，如图4-24所示。

图4-24　售票服务

一、售票服务基本职责

1）执行相关规章制度，做到令必行、禁必止。
2）承担整个车站的售票、补票工作及一卡通充值服务，保证票款的正确和安全，并在规定的时间开、关售票窗口。
3）帮助乘客换取福利票、兑换零钱、处理票务问询等相关工作，热情接待乘客，按规定妥善解决乘客提出的问题。
4）对无法进、出站乘客的票卡进行分析，并按规定处理乘客的无效票和过期票。

二、售票服务基本要求

1）必须佩戴工号牌，做到仪表整洁、仪容端庄。
2）在工作时应做到精神饱满、思想集中、不与同事闲聊。
3）在售票时应做到准确无误，对乘客表达不清楚的地方，要仔细询问清楚以免出错。在任何情况下，车票、收据与找零应同时交给乘客，并提醒乘客当面点清找零及票数。
4）仔细聆听乘客的询问，耐心听取乘客的意见；在乘客说话时，保持眼神接触并且点头表示明白或给予适当回应。
5）业务熟练，工作有序、高效。
6）对来到乘客服务中心的乘客，应主动问好，耐心并有礼貌地向他们了解信息，了解乘客需要，及时解决乘客所遇到的问题。

三、单程票发售服务

在乘客购买单程票时，售票员应该严格执行"一迎、二收、三唱、四操作、五找零、六告别"的程序。

（1）一迎　服务人员应面带微笑迎接乘客，说："您好，请问您去哪儿？需要几张票？""共××元。"切忌在服务过程中面无表情，无精打采。

（2）二收　服务人员应面带微笑向乘客说："收您××元。"服务人员接过票款后即刻进行验钞，将收取的票款放在售票台面上；严禁拒收旧钞、零币；不能一言不发。

如遇到验钞不合格的情况，服务人员要说："您的纸币无法被设备识别，请您再换一张。"

（3）三唱　服务人员重复乘客要求的购票张数，重复票款金额。

话术为："到××车站单程票××张，共××元。"

（4）四操作　服务人员应在半自动售票机上选择相应的功能键，处理车票。

（5）五找零　服务人员应清楚地说出找回金额和车票张数，将车票和找零一起礼貌地交给乘客，提醒乘客当面点清票款，找零做到有新不给旧，有整不给零。

话术为："这是您的票款及找零，请您当面核查。"

（6）六告别　"请您慢走。"服务人员待乘客离开窗口后，将台面上的票款放进钱箱内。

四、一卡通发卡和充值服务

1. 一卡通发卡和充值服务的基本流程

在为乘客进行一卡通发卡和充值时，售票员应该严格执行"一迎、二收、三确认、四操作、五找零、六告别"的程序。

（1）一迎　服务人员面带微笑迎接乘客，说："您好。"服务人员问清楚乘客欲购的一卡通金额或充值金额，切忌在服务过程中面无表情，无精打采。

（2）二收　服务人员面带微笑向乘客说："收您××元。"服务人员接过票款后即刻进行验钞，将收取的票款放在售票台面上；严禁拒收旧钞、零币；不能一言不发。

如遇到验钞不合格的情况，服务人员要说："您的纸币无法被设备识别，请您再换一张。"

（3）三确认　对于购买一卡通的乘客，服务人员要提醒乘客根据显示屏确认票卡内的金额。对于充值的乘客，服务人员则需要重复乘客充值的金额和票卡当前的余额，并提醒乘客根据显示屏确认充值后的金额。

话术为："您卡上现在的余额是××元，充值××元，充值后金额为××元，请您核对信息。"

（4）四操作　服务人员应按照设备使用规定，通过半自动售票机准确发售票卡或充值。

（5）五找零　服务人员应清楚地说出找回金额和车票张数，将车票和找零一起礼貌地交给乘客，提醒乘客当面点清票款，找零做到有新不给旧，有整不给零。

话术为："这是您的票款及找零，请您当面核查。"

（6）六告别　"请您慢走。"待乘客离开窗口后，服务人员将台面上的票款放进钱箱内。

2. 一卡通服务常见问题处理

（1）乘客需要的某些一卡通服务，车站无法办理　在无法办理乘客需要的某些一卡通服务时，售票员要给乘客适当的安抚，向乘客表示抱歉并向乘客解释本车站没有办理这项业务的权限。

话术为："对不起，目前本车站无法办理此项业务，请您到距离本站最近的××车站办理该项业务，谢谢您的配合。"

（2）乘客的一卡通无法刷卡进站　在乘客的一卡通无法刷卡进站时，售票员要说："请您别着急，我帮您查一下。"售票员应双手接过乘客的票卡，查询乘客一卡通的基本信息，判断乘客无法进站的原因。

1）如果一卡通余额不足，售票员应礼貌地提醒乘客充值或购买单程票卡进站。

话术为："您好，您的票卡余额不足，请充值后使用，谢谢合作。"

2）如果乘客已有本次进站记录，售票员可以告知乘客一张卡只能一个人使用，避免出现一卡多人进站的问题。

话术为:"乘客您好,根据地铁的相关规定,票卡一人一卡使用,谢谢您的配合。"

3) 如果一卡通无上次出站记录,则应补写出站信息,扣除相应的费用,并提醒乘客出站时也需要刷卡。

话术为:"乘客您好,持一卡通乘坐地铁时,进出站都需要刷卡。您看屏幕,您上次出站未刷卡,我现在为您办理补刷卡业务。"

五、福利票发售服务

视障人士(可以为一名陪同人员免票)、残疾军人、伤残人民警察、现役义务兵、离休干部、持有特殊侦察证件的警务人员、身高不满1.3m的儿童等均可持有效证件换取福利票后免费乘车,未携带证件或证件因损坏难以辨认的,应照章购票。票证仅限本人使用,不能转借、转让及涂改。福利票仅限本人当日在换领站、单次进站使用,使用福利票的乘客应配合工作人员进行证卡核查及登记工作。乘客使用福利票刷卡进站并在闸机读卡区刷卡成功后进站,出站时须将福利票插入出站闸机投票口进行车票回收。

发售福利票服务的基本流程如下:

售票员主动问候乘客:"您好,请出示您的证件。"

售票员双手接过乘客的相关证件,核对乘客所持有的证件是否有效并说:"请您稍等。"

售票员如实填写福利票换领记录并要求乘客签字确认。

售票员将福利票双手递给乘客的同时说:"请您收好,慢走。"

如遇持残疾证的视障乘客,售票员在向其发放福利票的同时,也需要向陪同人员发放一张福利票。

六、处理坏票及其他票务服务

1. 乘客的单程票卡不能正常出站

当乘客的单程票卡不能正常出站时,售票员应先安抚乘客,表示道歉,然后查询票卡的基本信息,如果无法识别,则免费换取出站票卡。

话术:"乘客您好!我们尽快为您办理相关业务,请您稍等。"

2. 因乘客使用不当造成单程票卡明显损坏

当乘客使用不当造成单程票卡明显损坏时,售票员应适当地安抚乘客,委婉要求乘客支付单程票卡的成本费,向乘客耐心解释车站的规章制度,帮助乘客换取出站票出站。

话术:"乘客您好!您的票卡已经损坏,无法正常刷卡。根据相关规定,请您补交一下单程票卡的成本费,谢谢您的配合。"

3. 乘客要求退票

如果线路运营正常,按照城市轨道交通运营企业的相关规定不予退票。如果乘客要求退票,处理方法如下:

1) 售票员首先要说明车站的制度,并向乘客表示抱歉,向乘客解释单程票一律不给退票;如果要办理储值卡退票,则需要到指定的储值卡发放点。

话术:"乘客您好!按照地铁的规定单程票一律不给退票,我们不能帮您退票,谢谢您的配合。"

2) 如果线路运营发生故障,售票员应安抚乘客的急躁心理,并向乘客说明情况,然后立即上报值班站长，经值班站长允许后按规定退票。

话术："乘客您好！请稍候，我们马上为您办理该项业务。欢迎您再来乘坐××地铁。"

4. 乘客服务中心出现缺币、缺零钱的情况

原则上乘客服务中心不可出现缺币、缺零钱的情况，如遇硬币或零钱不足，应向乘客耐心解释，并立即通知客运值班员增配硬币。

话术："乘客您好！硬币（零钱）刚好兑换完，请您稍等或到另一个乘客服务中心兑换。"

5. 乘客遗失车票

如果乘客在进闸机前遗失车票，建议乘客重新购买一张车票。如果乘客进闸机后遗失车票或无票，须按最高单程票价补交费用后出闸。

七、票务服务常用语

1. 售票机售票的话术练习

售票员："乘客您好，请问您去哪？"

乘客："我要去大南门。"

售票员："需要几张票？"

乘客："一张。"

售票员："去大南门站一张，票价2元，收您10元，找您8元，请核对信息。"（加手势引导乘客看乘客显示屏）

"请您拿好您的票卡及找零，欢迎您乘坐××地铁。"

2. 自动售票机售票（引导售票）的话术练习

售票员："乘客您好，请问您去哪儿?"

乘客："去大南门。"

售票员："请您在此区域选择线路、目的车站及车票张数。"

"选择成功，票价两元。该设备只接收硬币1元，纸币5元、10元、20元，请您在此投硬币/纸币。"

"请您拿好您的票卡及找零，欢迎您乘坐××地铁。"

3. 充值（一卡通）的话术练习

售票员："乘客您好，请问需要办理什么业务？"

乘客："我要充钱。"

售票员："请问您充值多少？"

乘客："充100元。"

售票员："好的，收您100元（一看、二摸、三听、四测），卡上余额0元，充值100元。充值成功，充值后卡内余额100元整，请拿好您的发票和卡，请慢走。"

知识拓展

京港地铁：一路心随行

某日上午9点多，4号线角门西站。早高峰的大客流还没有完全退去，一位戴着黑框眼镜的老人小心翼翼地穿梭在人群中。

坐在客服中心的售票员小刘很快地发现了人流中的老人,她迅速瞟了一眼工作台上贴着的"特殊提示",熟练地发售出一张福利票,握在手中的一刻,老人正好走到跟前。老人报出了一串数字后,跟对暗号似的,小刘手中的福利票已递了过去,轻声嘱咐着:"您拿好了,现在车站人多,您别急,有需要就叫我。"

这看似简单流畅的过程,其实经过了两年多的磨合。2011年年初,角门西站第一次接待了刘大爷。由于视力残疾,持残疾证的刘大爷可以换取福利票。站务员按照规定请刘大爷出示证件,由售票员核对照片等信息后,给他换了票。之后的日子里,已经退休的刘大爷经常在这站乘车。"一段时间后,我们发现老爷子每次拿残疾证都不太情愿,有时还跟站务员发生冲突。"站长倪泽光说。

经过耐心询问,他们发现原来老人年岁较大,且视力残疾,每次拿残疾证都很不方便。"将心比心,本来出行就不方便,岁数又大了,谁愿意一遍一遍地重复这流程啊!"

别看这站的站务员都是年轻人,却想出了特殊的应对办法。他们和刘大爷沟通后,通过将老人残疾证上的相片复印后贴在客服中心,照片下方记录了老人的残疾证与身份证号码。之后,当值人员再碰上刘大爷换票,老人只要报出证件号码就完成了"定制服务"。"现在坐车,一点不发怵啦!"刘大爷高兴地说。"80后"的站长倪泽光也道出她的工作感悟:"其实我们的工作准则很简单,只要用心就可以做好。"

【学习小结】

同学们通过学习本任务的内容,应能熟练掌握正确、礼貌的售票服务礼仪,以自己的专业知识、职业素养和恰当的礼仪规范,做好城市轨道交通售票服务工作,从而保证服务工作的质量、提升服务的效率。

【知识巩固】

一、选择题

1. 单程票发售服务的顺序正确的是( )。
A. 迎—唱—收—找零—操作—告别　　B. 迎—唱—收—操作—找零—告别
C. 迎—收—唱—操作—找零—告别　　D. 迎—收—唱—找零—操作—告别

2. 一卡通发卡和充值服务的基本流程是( )。
A. 迎—收—确认—操作—找零—告别　　B. 迎—收—操作—确认—找零—告别
C. 迎—收—找零—确认—操作—告别　　D. 迎—收—操作—找零—确认—告别

3. 福利票面向哪些乘客?( )
A. 视障人士　　B. 残疾人
C. 老人　　D. 残疾军人

二、判断题

1. 售票员要给乘客适当的安抚,向乘客表示歉意并向乘客解释本车站没有办理这项业务的权限。（ ）
2. 如果线路运营正常,按照城市轨道交通运营企业的相关规定可以退票。（ ）
3. 售票时应做到准确无误,对乘客表达不清楚的地方,要仔细询问清楚以免出错。任何情况下,车票、收据与找零应同时交给乘客,并提醒乘客当面点清找零及票数。（ ）

三、简答题

1. 售票服务的基本职责包含哪些?
2. 售票服务的基本要求有哪些?
3. 详细说明单程票发售的标准化作业流程。

【课堂练习】

情景模拟:模拟售票现场,进行售票服务。

场景1:车站正常的售票业务流程演练。

场景2:某乘客嫌售票速度慢,使劲拍打售票窗口……

场景3:一名出站失败的乘客急需处理损坏的票卡。

实施步骤:

1. 教师组织学生分组,5~6人为一组,选出小组负责人。
2. 学生分别负责扮演售票员和排队乘客。
3. 仔细揣摩各个人物的特征,模拟上述人物的对话过程。
4. 模拟结束后,在小组内进行讨论分析。

任务七　城市轨道交通检票服务礼仪演练

【学习目标】

1. 能够正确把握检票服务作业程序。
2. 能熟练掌握检票服务中常见问题的处理。
3. 能熟练掌握检票服务常用语。

【情境导入】

乘客小王与父亲到某市旅游,在买了两张地铁单程票后,逐个刷卡进站。小王父亲的腿有风湿病,走路非常慢,过闸机时在闸机通道内通行缓慢。这时,闸机报警提示铃突然响起,在一旁服务的站务员朝着惊慌失措的老人大喊:"别站在那儿了,往后站,别影响了其他人的通行。"小王在向站务员说明情况后,站务员走过来说:"往后站,把你的票拿出来,我看看。"老人把车票给站务员后,站务员边刷工作票边说:"赶紧进去,真费劲。"小王听到后很气愤地说:"你怎么这么没礼貌!你态度太差了吧,我要投诉你!"于是找到值班站长进行了投诉。

问题:如果你是该名站务员,遇到这种情况你会如何处理,从而有效避免纠纷与投诉?

启示:掌握城市轨道交通检票服务礼仪技巧。

【理论知识】

乘客乘坐地铁出行时,不管是购买了单程票,还是持有一卡通,都需要通过闸机检票进出站。乘客在进出闸机时,经常会遇到各种各样的意外情况。站务员为广大乘客提供处理坏票、帮助其通过闸机等服务,保障了乘客乘坐地铁顺利出行。为了保障乘客地铁出行的便利、提升检票服务工作的质量,站务员必须掌握恰当、礼貌的检票服务礼仪,如图4-25所示。

图4-25 检票服务礼仪示意

一、检票服务作业程序

站务员在闸机处进行检票服务时,应执行"一迎、二导、三处理"的作业程序,见表4-1。

表4-1 "一迎、二导、三处理"的作业程序

程序	内容
一迎	乘客进出闸机时,以标准站姿站在闸机一侧为乘客提供检票服务,注意不要背对着乘客,目光关注乘客进出闸机的动向
二导	引导乘客进出闸机,发现乘客票卡无法使用时要及时帮助乘客解决问题
三处理	1)对不能正常进出闸的票卡进行分析 2)使用专用通道要做到随开随关 3)对凭证件出入的乘客,应认真查验证件后放行 4)遇公司接待或团体票进出专用通道时,应站立在专用通道旁提供引导服务

二、检票服务中常见问题的处理

1. 乘客初次使用单程车票

乘客初次使用单程车票时,站务员耐心地告诉并指导乘客,必要时协助乘客使用票卡,注意不要影响其他乘客进出闸机。

话术为:"请您在闸机验票区刷卡,出站时票卡需要回收,请妥善保管,谢谢您的合作。"

2. 乘客初次使用闸机

1)对初次使用车票进闸的乘客,特别是老年乘客,站务员需要耐心指引。

话术为:"乘客您好,请您右手持票,站在闸机黄色安全线以外,将车票放在验票区上方,听到滴声后进站。"

2)如果使用的是转杆闸机,还要在验票指引后再提醒乘客。

话术为:"请您推动转杆"。

3)站务员在进行指引服务时注意使用引导手势。

出闸指引时的话术为:"请右手验票,前面通道出闸"或"乘客您好,请将车票放入检票口后,推动转杆"。

3. 乘客误用闸门或转杆

乘客验票后,因自身原因未及时通过闸机,闸机扇门关闭或是转杆被锁时,站务员应用引导手势指向乘客服务中心位置。

话术为:"乘客您好,请您到乘客服务中心更新车票。"

4. 发现成人、身高超过1.3m的小孩逃票或违规使用车票进站

站务员发现成人、身高超过1.3m的小孩逃票或违规使用车票进站,应先礼貌地进行劝阻,必要时报告值班站长,按法定程序执行或者寻求公安部门配合。

话术为:"对不起,您的孩子身高超过了1.3m,请您按照规定购票进站,感谢您的配合。"

5. 发现乘客刷卡正确,但刷卡无效

站务员发现乘客刷卡正确,但刷卡无效,应主动了解情况,礼貌地向乘客了解情况。如果仍不能解决,站务员需要先安抚乘客,然后应引导乘客到乘客服务中心进行查询,礼貌地用手掌指向前往的方向,如图4-26所示。若情况许可,站务员最好能陪同乘客一同前往解决问题,以免乘客重复提出问题和需要。站务员在服务中应注意使用文明用语,如"请跟我来""请这边走""谢谢您的配合"等。

话术为:"您别着急,我帮您查询一下,尽快帮您处理。"

6. 乘客出站时卡票

乘客出站时卡票,站务员应先主动安抚乘客。

话术为:"对不起,请不要着急,我们马上为您解决。"

站务员接着查看闸机的状态,如果发现确实卡票,则按规定办理;找到车票后,向乘客做好相应的解释和道歉工作。

话术为:"对不起,因闸机故障给您带来不便,感谢您的谅解。"

若车站计算机没有报警,打开闸机也没有找到车票,站务员应主动要求自动售检票系统的维修人员到现场确认,如果情况属实,站务员应向乘客做好解释工作。

图 4-26　票卡异常处理示意

7. 乘客钻闸或并闸

当发现有乘客钻闸或双人并闸时，站务员应及时上前阻止，但不能主观认为乘客逃票。

话术为："乘客您好，请您出示车票。"

1）若乘客能出示车票且车票能正常使用，站务员只需要提醒乘客。

话术为："为了您和他人的安全，请正常使用车票进闸，感谢您的配合。"

2）若出示的车票异常，站务员则应指引乘客前往乘客服务中心进行票务处理。

话术为："您好，您的车票存在异常，请到乘客服务中心进行处理，感谢您的配合。"

3）若乘客没有车票，则需要指引乘客进行正常购票手续。

话术为："您好，请您购票后进站，感谢您的配合。"

8. 乘客携带大件行李

当发现乘客携带大件行李时，站务员的处理方法如下。

1）站务员应礼貌地和乘客沟通，建议其使用直梯。

话术为："您好，您的行李较多，为了您的安全，请使用直梯，谢谢您的配合。"

2）站务员引导乘客从宽闸机进站。

话术为："您好，为了您和其他乘客的安全便捷，请您从旁边的宽闸机进站，感谢您的配合。"

三、检票服务常用语

1. 遇抱小孩的乘客持单程票进站的情景

话术为："乘客您好，请您抱起小孩，右手持票在刷卡处刷卡进站，出站时车票回收请您妥善保管。感谢您的配合，欢迎乘坐××地铁。"

2. 遇乘客持一卡通进站的情景

话术为："乘客您好，请您右手持票在刷卡处刷卡进站，出站时需要再次刷卡。感谢您的配合，欢迎乘坐××地铁。"

3. 遇乘客持单程票出站的情景

话术为："乘客您好，请您票面朝上单张插入插卡区，持单程票的乘客的票卡将被回收，请快速通过。感谢您的配合，欢迎乘坐××地铁。"

4. 遇乘客持一卡通出站的情景

话术为："乘客您好，请您票面朝上单张插入插卡区，持一卡通的乘客先取票再通行，请勿在通道中停留，感谢您的配合，欢迎乘坐××地铁。"

5. 遇乘客持证件通行的情景

话术为："乘客您好，请您出示您的证件（查看证件，双手递还），请您走这边专用通道，欢迎乘坐××地铁。"如图 4-27 所示。

图 4-27 持证件的乘客从专用通道进站

知识拓展

"刷脸"即可进站　济南地铁 3 号线科技感满满

某日，"与泉水共生的地铁"——全国主流媒体济南地铁行融媒采访活动启动。采访活动首站来到济南地铁 3 号线。作为智慧化线路，地铁 3 号线实现了"刷脸"即能进站。

在 3 号线进站闸机口安装有人脸识别装备，市民可以通过简单的刷脸步骤，实现进站坐车。相对于传统刷卡、二维码进站方式，3D 人脸识别更为快速、便捷，在大幅提升运营效率的同时，能为乘客带来革命性支付体验。为确保人脸识别技术的准确率及安全性，济南地铁人脸识别闸机采用"Depth 深度活体（结构光）"技术，通过 3D 立体建模和红外探测实现三维活体检测，经测试人脸识别系统抵御虚假面容攻击拒绝率超过 99.92%。

早于 2019 年元旦，1 号线开通时，人脸识别技术就已经应用，济南地铁 1 号线成为全国第一条采用 3D 人脸识别门的地铁线路。

济南轨道交通集团有关工作人员介绍，乘客在乘坐济南地铁时，只要在济南地铁 App 上录了人脸信息，在进、出站时只需要将面部轮廓进入闸机识别范围内，便可快速实现支付过闸。

【学习小结】

同学们通过学习本任务的内容，应能熟练掌握正确、礼貌的检票服务礼仪，以自己的专业知识、职业素养和恰当的礼仪规范，做好城市轨道交通检票服务工作，从而保证服务工作的质量，提升服务的效率。

【知识巩固】

一、选择题

1. 在检票过程中，哪种处理方法正确（　　）。
   A. 对不能正常进出闸的票卡进行分析
   B. 使用专用通道要做到随开随关
   C. 对凭证件出入的乘客，应认真查验证件后放行
   D. 遇公司接待或团体票进出专用通道时，应站在专用通道旁提供引导服务
2. 刷卡正确，但刷卡无效，下面操作中正确的是（　　）。
   A. 主动了解情况　　　　　　　　　　B. 不能解决，可以不处理
   C. 引导乘客到客服中心　　　　　　　D. 热心帮助乘客
3. 遇到乘客逃票时，怎么说最合适呢？（　　）
   A. 您好，请您买一下票　　　　　　　B. 您好，请您出示一下车票
   C. 都这么大了可别逃票　　　　　　　D. 您好，请您别逃票

二、判断题

1. 发现成人、身高超过1.3m的小孩逃票或违规使用车票进站，站务员应先礼貌进行劝阻，必要时报告值班站长，按法定程序执行或者寻求公安部门配合。（　　）
2. 发现乘客刷卡正确，但刷卡无效，站务员等乘客询问再帮忙。（　　）
3. 乘客初次使用单程车票，耐心地告诉并指导乘客，必要时协助乘客使用票卡，注意不要影响其他乘客进出闸机。（　　）

三、简答题

1. 简述检票服务的标准化作业流程。
2. 乘客出站时卡票，我们该如何处理？
3. 熟练说出检票服务中的常用语。

【课堂练习】

情景模拟：模拟检票现场，进行检票服务。

场景1：一位乘客带着两个孩子准备进闸乘车：一个孩子（身高不足1.3m）手里拿着电动吹泡泡的小玩具，不时按动玩具往外吹着泡泡，另一个婴儿熟睡在婴儿车里。

场景2：一位乘客带着两个孩子（身高均超过1.3m）乘车，两个孩子持一张车票并闸进站。

实施步骤：

1. 教师组织学生分组，5~6人为一组，选出小组负责人。
2. 学生分别负责扮演站务员和进站乘客。
3. 仔细揣摩各个人物的特征，模拟上述人物的对话过程。
4. 模拟结束后，在小组内进行讨论分析。

任务八　城市轨道交通接发列车服务礼仪演练

【学习目标】

1. 能够正确把握接发列车服务的作业程序。
2. 能熟练掌握接发列车标准及要求。
3. 学会接发列车常见问题处理。

【情境导入】

站务员王某某：当好"信号灯"和"百事通"

"确保地铁和乘客的安全是我们最重要的职责，我有信心当好地铁安全的'信号灯'和'百事通'。"

胜利街站站台，远处传来地铁列车的轰鸣声，站务员王某某已经面对列车车灯笔直站好。列车呼啸而至，车头超过她的左侧肩膀时，王某某也跟着90°向左侧转身面向车身。列车停稳、开门，她向着列车左右瞭望，观察站台门和乘客有无异常。在车门即将关闭时，她向后转，同时伸出胳膊示意乘客不要冲门，如图4-28所示。随后列车关闭车门启动，她朝着车辆行驶方向再转身90°，目送列车安全离开。

图4-28　地铁接发列车服务

"这是'三面接车'，站台岗的重要工作内容之一。""90后"的王某某青春靓丽，却有着比同龄人更加沉稳的个性。她告诉记者，每次列车进站前，站务员要巡视站台，确保所有乘客都站在黄色警戒线以外候车；如果候车的人太多，站务员要疏导大家等待下一趟车；当发生站台门不能关闭等影响行车安全的故障时，要及时通过手信号告诉司机。"最担心乘客冲门，趁着门要关上的时候冲进去或冲出来，特别危险，简直是在拿生命开玩笑。"

"有关地铁的问题要烂熟于心，地铁周边的情况要了如指掌。我有信心，当好地铁的'信号灯'和'百事通'。"面对乘客的咨询，王某某很自信。

问题：如何才能像王某某一样做好列车接发工作，保障广大乘客乘车安全？

启示：掌握城市轨道交通接发列车服务礼仪技巧。

【理论知识】

站台是车站的重要组成部分之一，站台上来往乘客较多，稍有疏忽就有可能引发安全事故，尤其是在乘客上下车时容易发生混乱。因此，站务员在站台上要做好列车接发和巡视工作，保证行车安全与行车秩序。为了保障乘客地铁出行的安全、提升站台服务工作的质量，站务员必须掌握恰当、礼貌的接发列车服务礼仪。

一、接发列车服务的作业程序

站务员在进行接发列车服务时，应执行"一看、二接、三送"的作业程序。

1. 一看

列车进站前，站务员站在安全线内的规定接车位置，面向列车进站方向，目光左右巡视，确认线路无障碍；引导乘客在安全线内候车，宣传安全候车准则。若发现轨道上有异物或有危及列车运行安全和乘客安全的情况，立即向司机发出停车信号或按下紧急停车按钮，并向行车值班员汇报。

2. 二接

列车头部接近站台时，站务员转体90°面向列车；列车停稳后，应注视车门开启情况及乘客上下车情况，宣传"先下后上、有序乘车"；列车停稳后，如车门和站台门未正常关闭，站务员要及时上前处理。

3. 三送

列车启动时，站务员注意列车动态及站台情况，如有异常，及时通知值班站长或行车值班员。当列车尾部经过接车位置时，站务员转体90°，面向列车出站方向，目送列车出站。

二、接发列车标准及要求

1. 列车即将进站前

1）列车进站前1min，站务员应站在安全线内的规定接车位置，目光左右巡视，确认线路无障碍，监视站台候车乘客。

话术为："各位乘客，请站在候车线内候车。"

2）列车头部接近站台时，站务员转体90°，面向列车进站方向，伸臂手指接车线路尽头，观察列车进站过程，确认列车站线有无异常。

2. 列车停稳开门前

列车车头越过接车站务员后，站务员回转90°面向列车。等待列车在规定位置停稳后，站务员向前迈一步，巡视候车乘客。

话术为:"请各位乘客先下后上,有序排队上车。"

3. 列车开门后

站务员监视列车车门、站台门开启状态,监视乘客上下车情况。

话术为:"请乘客们不要拥挤,有序乘车。"

4. 列车关门后

列车关门后,站务员向后退一步,伸出左臂手指第一个车门、站台门并向后逐一确认双门关闭状态,直至确认最后一个车门、站台门已关闭且无异常情况。

5. 列车起动

列车起动后,当尾部越过站务员接车位置后,站务员应转体90°面向出站方向,目送列车,监视列车运行。

列车尾部越过出站信号机,站务员伸出右臂手指列车尾部,确认列车运行正常且无异常情况。

6. 指点确认标准

(1)一指　站务员抬起手臂伸直,伸出食指及中指指向所要巡视的起始位置至终点位置,做到指点到位,过程完整。

(2)二看　站务员目视位置与手指位置保持一致,做到监视到位、彻底。

(3)三确认　站务员确认对象符合有关要求且无意外情况后,做到手指、眼看、再确认。

三、接发列车常见问题处理

1. 乘客站在黄色安全线以外候车

站务员应及时劝阻乘客的不安全行为,提醒乘客注意乘车安全,并向乘客说明情况。

话术为:"为了您和行车的安全,请您站在黄色安全线以内候车,感谢您的配合。"

2. 乘客在站台嬉笑打闹

站务员应及时劝阻正在嬉笑打闹的乘客,向其说明相关规定。

话术为:"为了您和他人的安全,请不要在车站内嬉笑打闹,感谢您的配合。"

3. 乘客在站台上吸烟

站务员应及时劝阻正在吸烟的乘客,向其解释相关规定。

话术为:"乘客您好,为了您和他人的乘车安全,保持良好的乘车环境,请您不要在车站内吸烟。请您在该处掐灭烟头,感谢您的配合。"

4. 乘客企图冲上正在关门的列车

站务员应及时阻止企图冲上正在关门的列车的乘客,注意要避免和乘客有直接身体接触,并有礼貌地提醒乘客。

话术为:"乘客您好,列车即将关门,为了您和他人的安全,请勿靠近车门,下一班次列车将于××分钟之后进站。请您耐心等待下一班次列车,感谢您的配合。"

5. 乘客在站台上逗留

若发现有乘客在站台上逗留,长时间不出站,站务员应主动上前询问情况,避免乘客无原因逗留,影响站台秩序,造成人员拥挤,以及发生掉下站台等紧急情况。

话术为:"乘客您好,请问您身体不舒服吗?请问有什么可以帮您?"

6. 乘客有物品掉下轨道

乘客有物品掉下轨道,站务员的处理方法如下。

1）站务员应及时安抚乘客情绪。
话术为："请您不要着急,我们将帮您取回物品,请勿擅自跳下站台。"
2）如果可以夹取,在无车的情况下,站务员用夹子取回,并提醒乘客。
话术为："请您注意保管好个人物品。"
3）如果条件不允许,站务员则向乘客进行解释;请乘客留下姓名、联系方式,运营结束后,为乘客拾取。
话术为："乘客您好,运营期间,列车来往频繁,我们将在运营结束后帮您拾取物品,请您留下个人信息。"

7. 乘客坐轮椅上下车

乘客坐标轮椅上下车,站务员的处理方法如下。
1）站务员应引导乘客至划定的站台无障碍候车区域,疏导其他乘客到相邻车门处排队候车,使用渡板,让乘坐轮椅的乘客安全上下车。
话术为："各位乘客,请注意避让,感谢配合。"
2）上车时,站务员要将乘客护送至车厢内无障碍专用位置,确认轮椅已经制动或与列车上专用钩固定,并提醒乘客。
话术为："乘客您好,轮椅已固定好,请您坐稳扶牢。"
3）站务员通知目的地车站,让服务人员做好准备工作,然后告知乘客。
话术为："我们已经通知目的地站,您下车时会有服务人员迎送。"

8. 乘客手扶或倚靠站台门

当乘客手扶或倚靠站台门时,站务员应及时走近或用手提广播提醒。
话术为："乘客您好,为了您的安全,请勿手扶或倚靠站台门,感谢您的配合。"

9. 车门或站台门发生夹人夹物的情况

当车门或站台门发生夹人夹物的情况时,站务员应根据实际情况迅速反应,按压站台列车紧急停车按钮同时通知车控室或列车司机,果断采取措施,防止列车继续行进,造成严重后果。

知识拓展

物品掉入地铁站台空隙,可向站内工作人员求助

市民的随身小物品掉进地铁列车与站台之间的空隙,该怎么处理?对此,太原地铁表示,应第一时间向站内工作人员寻求帮助。

地铁现已成为很多市民出行的首选,由于地铁列车在运行过程中会轻微摆动,为了保证运行中的列车不擦碰站台边缘,需要在站台和列车之间留下一定的空隙。如果携带较为小件的随身物品掉进地铁站台的空隙,该怎么处理?

针对此问题,太原地铁表示,乘客若遇到这种情况,不要慌,尽量记住自己掉落物品的站点及具体位置(哪个门),及时告知地铁服务人员,工作人员会记录下乘客遗失物品的相关信息,待当日运营结束后,进入轨行区寻找,找到后登记入册并联系乘客核对物品信息,无误后通知乘客前来领取。

太原地铁提醒:请乘客们看管好自己的随身物品,上下地铁时小心谨慎,如若真发生物品掉入地铁站台空隙的情况,第一时间联系工作人员处理。

【学习小结】

同学们通过学习本任务的内容，应能熟练掌握正确、礼貌的接发列车服务礼仪，以自己的专业知识、职业素养和恰当的礼仪规范，做好城市轨道交通接发列车服务工作，从而保证服务工作的质量，提升服务的效率。

【知识巩固】

一、选择题

1. 站务员应及时劝阻乘客的不安全行为，提醒乘客注意乘车安全，并向乘客说明情况（   ）。
   A. 为了您和行车的安全，请您站在黄色安全线以内候车，感谢您的配合
   B. 为了您和行车的安全，请您站在黄色安全线以外候车，感谢您的配合
   C. 为了您和行车的安全，请您站在白色安全线以内候车，感谢您的配合
   D. 为了您和行车的安全，请您站在白色安全线以外候车，感谢您的配合

2. 列车进站前（   ）min，站务员应站在安全线内的规定接车位置，目光左右巡视，确认线路无障碍，监视站台候车乘客。
   A. 1   B. 2   C. 3   D. 4

3. 列车车头越过接车站务员后，站务员回转（   ）面向列车，待列车在规定位置停稳后，站务员向前迈一步，巡视候车乘客。
   A. 30°   B. 45°   C. 60°   D. 90°

二、判断题

1. 列车开门后，站务员监视列车车门、站台门开启状态，监视乘客上下车情况。话术为："别拥挤，都能上去。"　　　　　　　　　　　　　　　　　　　　　　　　　　（   ）

2. 列车尾部越过出站信号机，站务员伸出右臂手指列车尾部，确认列车运行正常且无异常情况。　　　　　　　　　　　　　　　　　　　　　　　　　　　　　　　　（   ）

3. 站务员应及时劝阻正在嬉笑打闹的乘客，向其说明相关规定。话术为："为了您和他人的安全，请不要在车站内嬉笑打闹，感谢您的配合。"　　　　　　　　　　　　（   ）

三、简答题

1. 简述接发列车服务的标准化作业流程。
2. 接发列车常见的问题有哪些，该如何处理？
3. 接发列车的标准及相关要求是什么？

情景模拟：模拟站台现场，进行接发列车服务。

场景1：一位女性乘客带着两个孩子在站台候车，列车即将进站时，两个孩子在站台嬉笑打闹。

场景2：列车车门即将关闭，一名男性乘客奔跑，试图抢上列车。

实施步骤：

1. 教师组织学生分组，5~6人为一组，选出小组负责人。
2. 学生分别负责扮演站务员和乘客。
3. 仔细揣摩各个人物的特征，模拟上述人物的对话过程。
4. 模拟结束后，小组内进行讨论分析。

参考文献

［1］黎明. 商务礼仪与职业形象［M］. 北京：中国铁道出版社，2013.
［2］张丹丹，张恩平. 城市轨道交通客运服务［M］. 北京：机械工业出版社，2020.
［3］蔡昱，马艳丽. 城市轨道交通客运服务礼仪［M］. 北京：高等教育出版社，2021.
［4］李晓妍，刘慧，孟会芳. 化妆技巧与形象设计［M］. 北京：航空工业出版社，2017.
［5］刘亚苹，王笑然. 城市轨道交通安全管理［M］. 北京：中国建材工业出版社，2017.
［6］赵铎，常博. 城市轨道交通服务礼仪［M］. 青岛：中国石油大学出版社，2015.
［7］李勤. 空乘人员化妆技巧与形象塑造［M］. 北京：旅游教育出版社，2017.
［8］吴静，刘菊美. 城市轨道交通客运服务与礼仪［M］. 北京：中国电力出版社，2017.
［9］云翔蔚. 轨道交通手信号［M］. 北京：机械工业出版社，2016.
［10］李云飞，刘鸿婷. 城市轨道交通客运服务［M］. 北京：人民交通出版社股份有限公司，2019.

序文・目次

城市轨道交通服务礼仪任务工单

姓　名＿＿＿＿＿＿＿＿＿＿

班　级＿＿＿＿＿＿＿＿＿＿

学　号＿＿＿＿＿＿＿＿＿＿

机械工业出版社

目 录

任务工单 1.1　城市轨道交通服务礼仪的认知训练 …………………………………………… 1

任务工单 2.1　城市轨道交通服务人员职业妆训练 …………………………………………… 4

任务工单 2.2　城市轨道交通服务人员形象内在美和外在美的重要性的辩论 ……………… 7

任务工单 3.1　城市轨道交通服务人员站姿演练 ……………………………………………… 10

任务工单 3.2　城市轨道交通服务人员坐姿演练 ……………………………………………… 13

任务工单 3.3　城市轨道交通服务人员行姿演练 ……………………………………………… 16

任务工单 3.4　城市轨道交通服务人员蹲姿演练 ……………………………………………… 19

任务工单 3.5　城市轨道交通服务人员手势演练 ……………………………………………… 22

任务工单 3.6　城市轨道交通服务人员手信号演练 …………………………………………… 25

任务工单 4.1　城市轨道交通电话服务礼仪演练 ……………………………………………… 28

任务工单 4.2　城市轨道交通问询服务礼仪演练 ……………………………………………… 32

任务工单 4.3　城市轨道交通安检服务礼仪演练 ……………………………………………… 36

任务工单 4.4　城市轨道交通引导服务礼仪演练 ……………………………………………… 39

任务工单 4.5　城市轨道交通交谈服务礼仪演练 ……………………………………………… 43

任务工单 4.6　城市轨道交通售票服务礼仪演练 ……………………………………………… 46

任务工单 4.7　城市轨道交通检票服务礼仪演练 ……………………………………………… 49

任务工单 4.8　城市轨道交通接发列车服务礼仪演练 ………………………………………… 52

任务工单1.1　城市轨道交通服务礼仪的认知训练

任务名称	城市轨道交通服务礼仪的认知训练	学时		班级	
学生姓名		学生学号		任务成绩	
实训准备	学生3~5人一组	实训场地	理实一体化教室	日期	
任务描述	礼仪作为传统文化的一部分，可以有效化解在城市轨道交通服务中出现的客我冲突与矛盾				
任务目的	能够掌握城市轨道交通站务礼仪的功能、特征、类别及意义，能够从礼仪的角度及时缓解或处理地铁车站中出现的客我冲突				

一、项目描述

案例：冲闯车门的乘客

地铁列车关门提示音已响，车门开始关闭。这时，一位身形矫健的乘客企图冲进车门，却被车门口的站台工作人员高声呼叫着拽住了。工作人员觉得乘客的此行为很危险，用劲儿才把乘客拽住。这位乘客看着关闭的门和开走的地铁，非常愤怒地骂工作人员："你是谁啊？你凭什么拉我？你把我拉疼了，弄伤我你能负起责任吗？"面对这样的乘客，工作人员也是一脸的委屈，态度不好地说："你长眼了没有？没看见车门快关上了，车门夹住你怎么办啊？不知好赖！"双方争吵起来。
（来源：腾讯网）

思考：如果你是一名城市轨道交通服务人员，你会如何应对以上的工作情景？

任务实施要点：

案例解决方案——礼仪。礼仪是人际关系中的一种艺术，是人与人之间沟通的桥梁。礼仪是人际关系中必须遵守的惯例，是人与人交往中约定俗成的一种习惯性做法。礼仪是人类在公共场合塑造形象的重要手段。交谈讲究礼仪，可以变得文明；举止讲究礼仪，可以变得高雅；穿着讲究礼仪，可以变得大方；行为讲究礼仪，可以变得美好。

小组完成对上文的解析，并列举我国古文化中有对言行举止的具体要求的句子。

解析：_____

列举：_____

二、计划与决策

根据任务背景概述和任务要求，将学生划分成若干小组，并对小组成员进行合理的角色分配，制订详细的角色演练实施计划。

1. 小组划分及小组成员角色分配。

2. 各小组将案例进行演练。

三、实施

学生分组进行角色扮演，完成合情合理的情景表演。

四、检查

任务完成后，做如下检查：
1. 是否对中国的传统文化有逐步的认知：_____。
2. 是否对礼仪的功能熟知：_____。
3. 在案例分析和情景模拟过程中是否存在明显的问题：_____。

五、通过案例分析，写出你的感想

1) _____

2) _____

3) _____

六、评估

1. 项目评价。

<table>
<tr><td colspan="6">评价表</td></tr>
<tr><td>项目</td><td>评价指标</td><td colspan="2">自评</td><td colspan="2">互评</td></tr>
<tr><td rowspan="3">专业技能</td><td>对礼仪有正确的认知</td><td>□合格</td><td>□不合格</td><td>□合格</td><td>□不合格</td></tr>
<tr><td>按要求完成任务的实施</td><td>□合格</td><td>□不合格</td><td>□合格</td><td>□不合格</td></tr>
<tr><td>完整填写任务工单</td><td>□合格</td><td>□不合格</td><td>□合格</td><td>□不合格</td></tr>
<tr><td rowspan="3">工作态度</td><td>着装规范，举止大方，话术得体，符合职业要求</td><td>□合格</td><td>□不合格</td><td>□合格</td><td>□不合格</td></tr>
<tr><td>正确查阅相关材料</td><td>□合格</td><td>□不合格</td><td>□合格</td><td>□不合格</td></tr>
<tr><td>分工明确，配合默契</td><td>□合格</td><td>□不合格</td><td>□合格</td><td>□不合格</td></tr>
<tr><td>教师评价</td><td>教师签字
　　　年　月　日</td><td colspan="4">成绩
□合格　　□不合格</td></tr>
</table>

任务工单 1.1　城市轨道交通服务礼仪的认知训练

2. 请根据自己的任务完成情况，对自己的工作进行自我评估，并提出改进意见。
1) _____
_____
2) _____
_____
3) _____
_____

任务工单2.1　城市轨道交通服务人员职业妆训练

任务名称	城市轨道交通服务人员职业妆训练	学时		班级	
学生姓名		学生学号		任务成绩	
实训设备、工具及仪器	墙镜1面、录像机1台、化妆刷、眼影盘、散粉、小镜子、U形夹、皮筋等化妆用品	实训场地	服务礼仪实训室	日期	
任务描述	在上班高峰期，某地铁，一位过安检的女孩突然开始咳嗽。站在一旁的站务员急忙上前询问，女孩随后在包中拿出过敏药并解释对香水过敏。经查，是另外的一位乘客喷了香水导致的。事后，值班站长举一反三，再次强化了服务人员的职业妆训练，以便为乘客提供更为专业、高效、舒适的站务服务					
任务目的	能够掌握城市轨道交通服务人员职业妆的重要性，展现服务人员的专业性，以良好的服务形象为乘客提供服务，完成城市轨道交通服务人员的妆容塑造					

一、资讯

1. 任务背景概述：某地铁，正在上班高峰期时，一位过安检的女孩突然开始咳嗽，脸色有点发红。站在一旁的站务员急忙上前询问，女孩摆摆手随后在包中拿出过敏药，并解释说，自己对香水过敏。站务员回复说："我们工作人员在岗位上是不允许过量使用芳香型香水的，估计是有乘客喷了香水。"

2. 任务实施要点：

1）不可浓妆艳抹。城市轨道交通服务人员在工作岗位上应_____，妆容要清新、淡雅，凸显职业的_____和_____，既要美化自身，又要给乘客留下美好的印象，同时又不能_____太浓，要与整体的职业形象协调统一。

2）避免残妆示众。城市轨道交通服务人员在吃饭、饮水、长时间工作后，都会出现_____的情况，此时应及时补妆，避免因妆面残缺_____的形象，破坏城市轨道交通服务人员在乘客心目中的美好印象。

3）不可当众补妆。当众补妆是一种_____的行为，尤其在工作岗位上，显得极为不庄重，也让人觉得对待工作不专心。在需要补妆时，城市轨道交通服务人员可以选择在自己的工作间进行，而非工作岗位上。

4）不可过量使用芳香型化妆品。在空气相对密闭的空间中，城市轨道交通服务人员过量使用_____化妆品，可能会引起乘客的反感，或是引发乘客身体不适。使用香水时，宜选用淡香型、花香型的香水；使用香水的剂量一到两滴即可，不宜过量；注意把控香水的质量，劣质香水气味不但会让人心生厌恶，也会危害使用者的身体健康。

二、计划与决策

根据任务背景概述和任务要求，将学生划分成若干小组，确定任务实施所需要用到的设备、仪器及工具，并对小组成员进行合理的角色分配，从而进行职业妆训练。

  1. 学习扎头发。

  2. 学习画淡妆。

  3. 认识脸型不同所使用的妆容差异。

  4. 学习护肤步骤。

  5. 学习职业妆的原则。

三、实施

  某地铁，正值上班高峰期，一位过安检的女孩突然开始咳嗽，脸色有点发红。站在一旁的站务员急忙上前询问，女孩摆摆手随后在包中拿出过敏药，并解释说，自己对香水过敏。站务员带女孩到一旁坐下并解释道："我们在岗位上是不允许过量使用芳香型香水的，这种刺激性味道会在空气相对密闭的空间中，引起乘客的反感，或是引发乘客身体不适。抱歉让您感到不适，可能是某位乘客遗留下来的味道。"在站务员做了诚恳道歉后，女孩也表示，自己没事，便走了。事后，值班站长再次强化了服务人员的职业妆训练，以便为乘客提供更为专业、更为高效、更为舒适的站务服务。

四、检查

  任务完成后，做如下检查：

  1. 是否按照要求进行正确化妆：_____。

  2. 是否注意妆容规范：_____。

  3. 演练过程是否存在明显的问题：_____。

  4. 仪器、设备及工具的使用是否规范，场地是否恢复：_____。

五、通过案例分析，写出你的感想

  1) _____

  _____

  2) _____

  _____

  3) _____

六、评估

  1. 项目评价。

<table>
<tr><td colspan="4" align="center">评价表</td></tr>
<tr><td>项目</td><td>评价指标</td><td>自评</td><td>互评</td></tr>
<tr><td rowspan="4">专业技能</td><td>整体妆面整洁，色彩协调</td><td>□合格　□不合格</td><td>□合格　□不合格</td></tr>
<tr><td>底妆轻薄自然，涂抹均匀</td><td>□合格　□不合格</td><td>□合格　□不合格</td></tr>
<tr><td>眼妆色彩柔和，具有层次感</td><td>□合格　□不合格</td><td>□合格　□不合格</td></tr>
<tr><td>唇与腮色调一致，浓度适中</td><td>□合格　□不合格</td><td>□合格　□不合格</td></tr>
</table>

（续）

项目	评价指标	自评	互评
专业技能	短发：长度规范，发丝不乱 长发：颅顶饱满，发髻规范	□合格　□不合格	□合格　□不合格
工作态度	着装规范，举止大方，话术得体，符合职业要求	□合格　□不合格	□合格　□不合格
	正确查阅相关材料	□合格　□不合格	□合格　□不合格
	分工明确，配合默契	□合格　□不合格	□合格　□不合格
教师评价	教师签字 　　　年　月　日	成绩 □合格　□不合格	

2. 请根据自己的任务完成情况，对自己的工作进行自我评估，并提出改进意见。

1) _____

2) _____

3) _____

任务工单 2.2　城市轨道交通服务人员形象内在美和外在美的重要性的辩论

任务名称	关于服务人员形象内在美和外在美重要性的辩论	学时		班级	
学生姓名		学生学号		任务成绩	
实训准备	班级学生分成正方和反方	实训场地	智慧教室	日期	
任务描述	正方、反方辩论内在美和外在美哪个更重要				
任务目的	通过辩论的方式,让大家更明确内在美的重要性				

一、辩论赛流程

1. 辩论赛开始。
2. 宣布比赛规则。
3. 介绍评委及嘉宾。
4. 宣布辩题。
5. 介绍参赛代表队及所持立场。
6. 介绍参赛队员。
7. 辩论比赛。
8. 评委打分。
9. 观众参与提问或表达自己的观点。
10. 宣布比赛结果。
11. 评委点评。
12. 辩论赛结束。

二、辩论流程

1. 正方一辩陈述立论(3min)。
2. 反方一辩陈述立论(3min)。
3. 正方二辩选择反方二辩或三辩进行一对一攻辩(1min 30s)。
4. 反方二辩选择正方二辩或三辩进行一对一攻辩(1min 30s)。
5. 正方三辩选择反方二辩或三辩进行一对一攻辩(1min 30s)。
6. 反方三辩选择正方二辩或三辩进行一对一攻辩(1min 30s)。
7. 正方一辩进行攻辩小结(1min 30s)。
8. 反方一辩进行攻辩小结(1min 30s)。

9. 自由辩论（双方各 5min）。
10. 反方四辩总结陈词（4min）。
11. 正方四辩总结陈词（4min）。
12. 观众提问（双方各回答两个观众提问，每个问题 1min 30s）。

三、辩论赛评分标准

（一）团体评分细则

1. 立论陈词。

评分标准（15分）：论点明晰，论据充足，引证恰当，分析透彻。语言表达清晰、流畅；层次清楚，逻辑严密。

2. 攻辩环节。

评分标准（20分）：提问简明，击中要害；回答精准，处理问题有技巧；表达清晰，论证合理而有力。

3. 自由辩论。

评分标准（30分）：能快而准地抓住对方观点中的漏洞，驳论精到，切中要害，明确阐述本方立论和观点并博采出众。

4. 总结陈词。

评分标准（15分）：语言表达清晰、流畅；层次清楚，逻辑严密；对对方观点进行质疑，同时强化本方观点，并能首尾呼应。

5. 评委提问。

评分标准（10分）：反应敏捷，应对能力强，巧妙回避，且很好地把握现场气氛。

6. 团体配合。

评分标准（10分）：四位辩手，配合默契，观点统一。

（二）个人评分细则

最佳辩手

1. 语言表达。（30分）

1）辩手辩论应符合辩题，不得在主要观点上脱离辩题。（10分）

2）辩手应有真情实感，且可以用幽默诙谐的语言调节现场气氛。（5分）

3）辩手应吐字清晰，语速适当，有肢体语言，语言文明，相互尊敬、有礼貌。（10分）

4）辩手应运用简练的语言，阐述自己的观点。（5分）

2. 逻辑思维。（20分）

1）辩手辩论应有理有据，逻辑严密，论证有力。（10分）

2）辩手辩论应层次清晰，围绕本方的观点进行辩驳。（10分）

3. 辩驳能力。（15分）

1）辩手可以合理使用各种辩论技巧。（5分）

2）辩手能够抓住对方失误，切中要害。（5分）

3）辩手可以运用适量例证来反驳对方的观点。（5分）

4. 整体意识。（10分）

1）辩手应团结合作，配合默契，观点统一。（5分）

2）辩手辩论观点统一，未脱离本方观点。（5分）

5. 临场反应。(10分)
1) 辩手应积极回答，从容应对，表现稳定心态和良好素质。(5分)
2) 辩手反应敏捷，从容应对，不回避。(5分)
6. 综合印象。(15分)
1) 仪态着装合理，大方自然。(5分)
2) 尊重评委、对方辩友以及现场观众。(5分)
3) 有风度及幽默感。(5分)

任务工单 3.1 城市轨道交通服务人员站姿演练

任务名称	城市轨道交通服务人员站姿演练	学时		班级	
学生姓名		学生学号		任务成绩	
实训设备、工具及仪器	墙镜1面，录像机1台，计算机1台，纸、笔、便笺本等文具若干	实训场地	服务礼仪实训室	日期	
任务描述	2021年10月23日清晨，某地铁2号线南内环站服务人员程宇在工作时，碰到一些突发状况，一位女性乘客突然晕倒，站务员程宇按突发事件的标准流程对该事件进行了处理。在事发前和事件处理后，该名站务员都保持着标准的站姿，为地铁站务员树立了很好的形象				
任务目的	能够掌握城市轨道交通服务人员站姿的重要性，展现服务人员的专业性，以良好的服务形象为乘客提供服务，完成城市轨道交通服务人员的站姿塑造				

一、资讯

1. 任务背景概述：某天，某地铁2号线南内环站在安检口上，突然一位女士晕倒，作为当值的站务员程宇，立马联系值班站长，寻求帮助，并做好乘客的疏散工作，避免恐慌，随后继续站在自己的岗位上。

2. 任务实施要点。

（1）并步站姿：并步站姿是所有站姿中_____的一种站姿，适合比较_____的场合，如接受检阅、迎接VIP、向乘客致歉等。

1）男士：

① 体态：上半身头正、肩平、下颚微收。耳、肩、臂、胯、腰成_____，挺胸立腰。下半身收腹提臀，腿部绷直并拢。

② 脚位：身体重心落在两脚正中，双脚脚跟和脚尖_____。

③ 手位：左手_____，右手五指伸直并拢放于左拳上，于腹前（或垂直放于体侧）。

2）女士：

① 体态：上半身头正、肩平、下颚微收。耳、肩、臂、胯、腰成_____，挺胸立腰。下半身收腹提臀，腿部绷直并拢。

② 脚位：身体重心落在两脚正中，双脚脚跟和脚尖_____。

③ 手位：双手四指伸直并拢，拇指内扣，右手_____，将右手食指放于左手指根处，与左手交叠呈立体的"心"形叠放于腹前，小臂自然摆放于腰间，手腕放松，使手面与小臂在_____。这种手位是工作中运用最多的一种手位。

（2）开位站姿：开位站姿是_____最高的一种站姿，常用于恭候、交谈、服务乘客等场合。

采用开位站姿的体态与手位，双膝与双脚根部紧靠在一起，脚尖打开约_____，两脚呈"V"字形，男女脚位相同。

（3）其他站姿：在工作岗位上，当城市轨道交通服务人员为乘客服务时，站姿可做适当调整，基于站姿的基本要求，脚位和手位可交替变化使用。

1）女士：右丁字步是指右脚在前，脚尖指向_____，左脚在后，脚尖指向_____，左脚的脚跟放在右脚的足弓处，双腿自然并拢。两种手位可变化使用，一种是右手背后，左手自然下垂；另一种是左手屈臂，手指位于外衣中缝线上，右手自然下垂。双脚交换即为左丁字步，手位与右丁字步手位_____。这种站姿较为优雅，身体重心可在双脚之间交替，故而相对轻松一些。

在有柜台等障碍物遮挡身体时，可以一条腿为_____，另一条腿向外侧稍伸出一些，使双脚轮换休息，以减轻疲惫感。切忌膝盖弯曲、身体依靠柜台。

2）男士：男士跨步站姿极显威严与庄重，以基本站姿站立，双脚平行打开_____，双手在身后交叉，左手握拳，右手握于左手手腕处，贴在腰部。此种站姿适用于前方无人，城市轨道交通服务人员一般在巡视时采用此站姿。

二、计划与决策

根据任务背景概述和任务要求，将学生划分成若干小组，确定任务实施所需要用到的设备、仪器及工具，并对小组成员进行合理的角色分配，从而进行站姿训练。

1. 背靠墙练习。

背部靠墙而站，要求后脑、双肩、背部、臀部、小腿、脚跟紧贴墙面，立腰收腹，使肌肉有紧绷感，双肩展开下沉，使背部肌肉紧压脊椎骨，头顶向上延伸。

2. 头顶书练习。

在头顶上平放一本书，确保头正、颈直，保持书的平衡，双眼平视前方，面部肌肉自然放松，保持微笑。

3. 交替变化练习。

适当地变化手位和脚位，让身体呈现自然状态，学会灵活运用。

三、实施

某天，某地铁2号线南内环站在安检口上，突然一位女士晕倒，作为当值的站务员程宇，立马联系值班站长，寻求帮助，并做好乘客的疏散工作，避免恐慌。站务员程宇一直站在这位晕倒的女士身边，观察着她的变化，待她有意识后，在同事们的帮助下，把她搀扶到了休息室，随后程宇继续站在自己的岗位上。

四、检查

任务完成后，做如下检查：

1. 是否按照要求进行正确站姿：_____。
2. 是否注意站姿规范：_____。
3. 演练过程是否存在明显的问题：_____。
4. 仪器、设备及工具的使用是否规范，场地是否恢复：_____。

五、通过案例分析，写出你的感想

1) _____

2) _____

3) _____

六、评估

1. 项目评价。

<table>
<tr><td colspan="5" align="center">评价表</td></tr>
<tr><td>项目</td><td>评价指标</td><td colspan="2">自评</td><td colspan="2">互评</td></tr>
<tr><td rowspan="4">专业技能</td><td>基本体态：身体挺拔、收颌梗颈、展肩下沉、双腿并拢</td><td>□合格</td><td>□不合格</td><td>□合格</td><td>□不合格</td></tr>
<tr><td>脚位：并步、开位、其他站姿的脚位正确</td><td>□合格</td><td>□不合格</td><td>□合格</td><td>□不合格</td></tr>
<tr><td>手位：体前、体后、体侧手位正确</td><td>□合格</td><td>□不合格</td><td>□合格</td><td>□不合格</td></tr>
<tr><td>实际运用：根据场景选择适当站姿，灵活变换脚位和手位，面部表情自然</td><td>□合格</td><td>□不合格</td><td>□合格</td><td>□不合格</td></tr>
<tr><td rowspan="3">工作态度</td><td>着装规范，举止大方，话术得体，符合职业要求</td><td>□合格</td><td>□不合格</td><td>□合格</td><td>□不合格</td></tr>
<tr><td>正确查阅相关材料</td><td>□合格</td><td>□不合格</td><td>□合格</td><td>□不合格</td></tr>
<tr><td>分工明确，配合默契</td><td>□合格</td><td>□不合格</td><td>□合格</td><td>□不合格</td></tr>
<tr><td>教师评价</td><td>教师签字

　　年　月　日</td><td colspan="4">成绩

□合格　　□不合格</td></tr>
</table>

2. 请根据自己的任务完成情况，对自己的工作进行自我评估，并提出改进意见。

1) _____

2) _____

3) _____

任务工单 3.2　城市轨道交通服务人员坐姿演练

任务名称	城市轨道交通服务人员坐姿演练	学时		班级	
学生姓名		学生学号		任务成绩	
实训设备、工具及仪器	墙镜1面，录像机1台，计算机1台，椅子若干，纸、笔、便笺本等文具若干	实训场地	服务礼仪实训室	日期	
任务描述	某地铁2号线南内环站服务人员张某在安检仪屏幕前，坐在椅子上，认真地检查着传送带上的每一个物品，展现出来了作为一名站务员标准的坐姿。请同学们演练标准的坐姿				
任务目的	能够掌握城市轨道交通服务人员坐姿的重要性。展现服务人员的专业性，以良好的服务形象为乘客们提供服务，完成城市轨道交通服务人员坐姿的塑造				

一、资讯

1. 任务背景概述：某天，某地铁2号线胜利街站处，因车票问题，一位乘客需要寻求帮忙，走到客服中心时，工作人员李某的脚放在了咨询的口上，这使乘客的脸冲着工作人员的脚，乘客愤怒地说道："哪有像你这种工作人员，这是什么坐姿啊？"工作人员李某影响了地铁服务人员的正面形象，引发了不必要的争执。

2. 任务实施要点。

1）左侧入座：走到座位左侧前方，身体缓慢右移后，右脚向后退半步，轻稳坐下。女士落座时要用手轻抚_____，以防褶皱。

在国际交往中，大到政治磋商、商务往来、文化交流，小到私人接触、社交应酬，入座时都要从_____入座。这个礼仪是从古代流传下来的，古时候士兵、将军都是在腰间左侧佩戴兵器，在吃饭入座时，为了方便，都会从椅子左侧入座，久而久之，这个习俗也就流传下来了。

2）落座于椅子的_____处：入座时不可满座，若满座后，身体会不由地靠向椅背，进而呈现慵懒的姿态。落座于椅子的_____处，正襟危坐，显得恭敬严肃。若坐得太少，会给人随时离开的感觉。

3）身体的姿态：入座后上体_____，双腿_____，女士膝盖并拢，男士可微微打开；双肩平正放松，双臂自然弯曲，双手自然放在双腿上或椅子、沙发扶手上，掌心向下；头正、嘴角微闭，下颌微收，双目平视，面容平和自然。

4）手位的要求：女士四指_____，拇指内扣，右手在外，将右手食指放于左手指根处，双手五指伸直并拢，平放在腿上或是压住裙边。男士握空拳分别放于两条腿上，或是十指交握，掌心微空放于双腿中部。

有扶手时，男女均可一手放在扶手上，另一手仍放在腿上或双手叠放在侧身一侧的扶手上，_____。

二、计划与决策

根据任务背景概述和任务要求，将学生划分成若干小组，确定任务实施所需要用到的设备、仪器及工具，并对小组成员进行合理的角色分配，从而进行坐姿训练。

1. 基础练习。

以小组为单位，完成入座、离座及标准坐姿的实操训练，要求动作规范、姿态优雅、动作娴熟。

2. 场景练习。

每个小组设置一个不同的场景，根据情境，各小组模拟该情境下的入座、离座，展示不同场景所采用的坐姿，注意身体和四肢的变化，熟练运用所学理论知识。

三、实施

某天，某地铁 2 号长风街站服务人员张某在安检屏幕前，以最标准的姿势坐在椅子上，认真地检查着传送带上的每一个物品，每一个动作都很标准。

张某说道：服务人员在每个岗位上都要做到最好，不能有一点点懈怠。从入座到站起身来，每一个动作都需要反复练习。

四、检查

任务完成后，做如下检查：

1. 是否按照要求进行正确坐姿：_____。
2. 是否注意坐姿规范：_____。
3. 演练过程是否存在明显的问题：_____。
4. 仪器、设备及工具的使用是否规范，场地是否恢复：_____。

五、通过案例分析，写出你的感想

1) _____
_____
2) _____
_____
3) _____

六、评估

1. 项目评价。

评价表			
项目	评价指标	自评	互评
专业技能	基本体态：身体挺拔、体态优雅、双目平视、面容自然	□合格 □不合格	□合格 □不合格
	入座：方位及占座位置正确，身体姿态、手位正确	□合格 □不合格	□合格 □不合格

（续）

项目	评价指标	自评		互评	
专业技能	坐姿：脚位、手位正确	□合格	□不合格	□合格	□不合格
	离座：方位正确、起身平缓、身稳步雅	□合格	□不合格	□合格	□不合格
	实际运用：根据场景选择适当坐姿，灵活变换脚位和手位	□合格	□不合格	□合格	□不合格
工作态度	着装规范，举止大方，话术得体，符合职业要求	□合格	□不合格	□合格	□不合格
	正确查阅相关材料	□合格	□不合格	□合格	□不合格
	分工明确，配合默契	□合格	□不合格	□合格	□不合格
教师评价	教师签字　　　　年　月　日	成绩 □合格　　□不合格			

2. 请根据自己的任务完成情况，对自己的工作进行自我评估，并提出改进意见。

1) _____

2) _____

3) _____

任务工单3.3 城市轨道交通服务人员行姿演练

任务名称	城市轨道交通服务人员行姿演练	学时		班级	
学生姓名		学生学号		任务成绩	
实训设备、工具及仪器	墙镜1面,录像机1台,计算机1台,纸、笔、便笺本等文具若干	实训场地	服务礼仪实训室	日期	
任务描述	地铁尖草坪站上,站务员刘源在站台上用最标准的行姿巡查站台安全,与此同时,他还温馨提示着乘客需要注意的乘车安全事宜,很好地展现了服务人员的良好形象				
任务目的	能够掌握城市轨道交通服务人员行姿的重要性,以标准的行姿、饱满的热情对乘客提供高质量的服务,能对乘客提出的质疑和不满做出妥善处理,完成城市轨道交通服务人员的行姿的塑造				

一、资讯

1. 任务背景概述:地铁尖草坪站上,站务员刘源在站台上用最标准的行姿巡查站台安全,与此同时,他还温馨提示着乘客需要注意的乘车安全事宜,很好地展现了服务人员的良好形象。

2. 任务实施要点:

1)_____。行进路线保持向前,身体端正、收腹挺胸,不低头,目光平视,忌斜视看人。遇领导、客人应礼让、问好或微笑点头致意,及时礼让不可争挤。

2)_____。在人前,扭头就走,以背示人是极为失礼的。这时可面向交往对象,小步幅后退两三步,再转体离开。

3)_____。在工作过程中,经常会出现为乘客引路、带路的情况,如何正确引领,需要注意以下几点。

① 站位。为了高效地做好引领工作,服务人员应站在乘客的_____,上身稍向右转,侧身向着乘客,保持_____的距离。之所以要站在左侧,是因为国内人们的行进习惯是靠右行走。服务人员站在左前方,一方面是把行进右侧空间留给了乘客,遵循以客为尊的原则,另一方面可规避前方相向而来的行人,同时可提前做出行进路线改变的提示。

② 体位。在引领时,需要兼顾乘客和行进的方向,因此身体应微转向乘客,目视乘客,方便在行进中与乘客交谈,同时也可兼顾行进的路线,及时提醒乘客行进的_____或注意障碍。

③ 步速。在引领时,步速应与乘客_____,切勿忽快忽慢,确保乘客跟上。在行进路线发生改变时,可适当加速,_____指示方向,做出提示。

④ 避让。城市轨道交通服务人员在工作岗位上会经常碰到来往的乘客,这时需要_____并点头致意,这会显示对乘客的尊重,不仅能体现个人的修养,还彰显了企业的管理水平。

a. 相向避让：

面对相向而来的乘客，服务人员可向右后方退一步，身体向左侧转体_____，面带微笑并致意问好。

b. 同向避让：

同向而行，在为身后的乘客让路时，身体向右前方迈步并转体朝向对方，不可_____，需要微笑致意。

二、计划与决策

根据任务背景概述和任务要求，将学生划分成若干小组，确定任务实施所需要用到的设备、仪器及工具，并对小组成员进行合理的角色分配，从而进行行姿训练。

1. 摆臂练习。

标准站姿站立，肩部带动手臂，先后有节奏地摆动，不超过30°，手型美观。

2. 步位步幅练习。

以小组为单位，目测步位，匀速前进。

3. 稳定性练习。

在头顶上平放一本书，确保头正、颈直，保持书的平衡，双眼平视前方，向前行进。

4. 多种行姿练习。

根据不同的情况采用不同的行姿，学会灵活运用。

三、实施

地铁尖草坪站上，站务员刘源在站台上用最标准的行姿巡查站台安全，与此同时，他还温馨提示着乘客需要注意的乘车安全事宜，很好地展现了服务人员的良好形象。请各位学生按照标准的行姿要求进行练习。

四、检查

任务完成后，做如下检查：

1. 是否按照要求进行正确行姿：_____。
2. 是否注意行姿规范：_____。
3. 演练过程是否存在明显的问题：_____。
4. 仪器、设备及工具的使用是否规范，场地是否恢复：_____。

五、通过案例分析，写出你的感想

1) _____

_____

2) _____

_____

3) _____

六、评估

1. 项目评价。

评价表			
项目	评价指标	自评	互评
专业技能	基本体态：身体挺拔、收颌梗颈、走态平稳	□合格　□不合格	□合格　□不合格
	脚位：步位平正、步速均匀、步幅适当	□合格　□不合格	□合格　□不合格
	手型：手型优美	□合格　□不合格	□合格　□不合格
	实际运用：根据场景选择适当行姿，灵活变换脚位和手位，面部表情自然	□合格　□不合格	□合格　□不合格
工作态度	着装规范，举止大方，话术得体，符合职业要求	□合格　□不合格	□合格　□不合格
	正确查阅相关材料	□合格　□不合格	□合格　□不合格
	分工明确，配合默契	□合格　□不合格	□合格　□不合格
教师评价	教师签字 　　　年　月　日	成绩 □合格　□不合格	

2. 请根据自己的任务完成情况，对自己的工作进行自我评估，并提出改进意见。
1) _____
2) _____
3) _____

任务工单 3.4　城市轨道交通服务人员蹲姿演练

任务名称	城市轨道交通服务人员蹲姿演练	学时		班级	
学生姓名		学生学号		任务成绩	
实训设备、工具及仪器	墙镜 1 面，录像机 1 台，计算机 1 台，纸、笔、便笺本等文具若干	实训场地	服务礼仪实训室	日期	
任务描述	地铁尖草坪站台上，一位小女孩不小心扭伤了脚，站台服务人员发现后立即上报了车控室，随后站务员蹲下为小女孩喷药				
任务目的	能够掌握城市轨道交通服务人员蹲姿的重要性，展现服务人员的专业性，以良好的服务形象为乘客提供服务，完成城市轨道交通站务员蹲姿的塑造				

一、资讯

1. 任务背景概述：地铁尖草坪站上，一位小女孩不小心扭伤了脚，站台服务人员发现后立即上报了车控室，随后站务员蹲下为小女孩喷药。

2. 任务实施要点：

（1）蹲姿的基本要求。

1）以_____为基础，上身保持不动，立直腰背，舒展双肩，重心稍向后，弯曲膝盖，身体缓慢下降，自然而得体。

2）下蹲时，双腿合力支撑身体，_____放在主力腿上，臀部可坐在主力腿的后脚跟上，从而保持身体的稳定性。

3）手位要求，女士呈_____，压住裙边；男士握空拳，放于大腿中部。

4）女士无论采用哪种蹲姿，都要将双腿_____，臀部向下。

（2）不同情况的蹲姿。

1）高低式：高低式蹲姿是_____在工作岗位上所用最多的一种蹲姿。站定后，右脚向后撤一步，左脚在前，重心后移，上身保持垂直地面，两腿靠紧往下蹲。左脚全脚着地，小腿基本垂直于地面，右脚脚跟提起，脚掌着地。右膝低于左膝，右脚内侧靠于左小腿内侧，形成左膝高右膝低的姿势，臀部向下，基本上靠一只腿支撑身体。女士在下蹲时，_____，双腿紧靠；男士在下蹲时双腿可错开，与肩同宽。

2）交叉式：这种蹲姿造型优美，适用于女士，如在集体合影时前排需要蹲下，或着短裙的女士可采用交叉式蹲姿。站定后，_____脚后撤一步，_____脚在前，重心后移，右小腿基本垂直于地面，全脚着地，左腿在后与右腿交叉重叠，左膝由后面伸向右侧，左脚跟抬起，脚掌着地，两腿前后靠紧，臀部坐于_____，上身保持直立。

二、计划与决策

根据任务背景概述和任务要求，将学生划分成若干小组，确定任务实施所需要用到的设备、仪器及工具，并对小组成员进行合理的角色分配，从而进行蹲姿训练。

1. 姿态练习。
标准站姿站立，上身保持直立，练习两种蹲姿。
2. 稳定性练习。
在头顶上平放一本书，确保头正、颈直，保持书的平衡，双眼平视前方并缓缓蹲下。
3. 拾取物品练习。
根据物品位置，选择正确方位进行物品的拾取。

三、实施

地铁尖草坪站上，一位小女孩不小心扭伤了脚，站台服务人员发现后立即上报了车控室。随后值班站长接报后与站务员立即携带药箱赶至现场，经判断乘客无骨折风险后，站务员两次蹲下为其喷药止痛，五分钟多的喷药过程，他全程蹲在乘客身边，耐心地询问乘客的感受，不停地和乘客说话，缓解她的情绪，乘客很受感动，离开前表达了衷心的感谢，对地铁工作人员的服务非常满意。

四、检查

任务完成后，做如下检查：
1. 是否按照要求进行正确行姿：_____。
2. 是否注意行姿规范：_____。
3. 演练过程是否存在明显的问题：_____。
4. 仪器、设备及工具的使用是否规范，场地是否恢复：_____。

五、通过案例分析，写出你的感想

1) _____

2) _____

3) _____

六、评估

1. 项目评价。

评价表			
项目	评价指标	自评	互评
专业技能	基本体态：身体挺拔、姿态正确、手位正确	□合格 □不合格	□合格 □不合格
	蹲姿平稳：下蹲稳当、重心后移、不左右摇晃	□合格 □不合格	□合格 □不合格
	拾取物品：根据不同的情景及物品所处位置的不同，能灵活地选择适当的蹲姿和方位	□合格 □不合格	□合格 □不合格

任务工单 3.4　城市轨道交通服务人员蹲姿演练

（续）

项目	评价指标	自评	互评
工作态度	着装规范，举止大方，话术得体，符合职业要求	□合格　□不合格	□合格　□不合格
	正确查阅相关材料	□合格　□不合格	□合格　□不合格
	分工明确，配合默契	□合格　□不合格	□合格　□不合格
教师评价	教师签字 　　　年　月　日	成绩	
		□合格　　□不合格	

2. 请根据自己的任务完成情况，对自己的工作进行自我评估，并提出改进意见。

1) _____

2) _____

3) _____

任务工单 3.5 城市轨道交通服务人员手势演练

任务名称	城市轨道交通服务人员手势演练	学时		班级	
学生姓名		学生学号		任务成绩	
实训设备、工具及仪器	墙镜1面，录像机1台，计算机1台，纸、笔、便笺本等文具若干	实训场地	服务礼仪实训室	日期	
任务描述	太原地铁大南门站，一名小女孩因一时贪玩将手伸进了列车车门和站台门之间的缝隙中，结果抽不出来了，随后站务员立刻做出手势，司机看到手势后，立即将该次列车紧急停了3min				
任务目的	能够掌握城市轨道交通服务人员手势的重要性，展现服务人员的专业性，以良好的服务形象为乘客提供服务，完成城市轨道交通服务人员的手势的塑造				

一、资讯

1. 任务背景概述：太原地铁大南门站，一名小女孩因一时贪玩将手伸进了列车车门和站台门之间的缝隙中，结果抽不出来了，随后站务员立刻做出手势，司机看到手势后，立即将该次列车紧急停了3min。

2. 常用手势实施要点：

（1）_____。

身体站直，目视对方，手臂向上、向前伸出，指尖朝上，_____，手臂向左右两侧轻轻挥动。

（2）_____。

主动向前，双手为宜，留出便于对方接取物品的地方，递送物品到对方手中。带尖、带刃的物品要将_____，文件正面要朝向对方。接拿物品时，要主动靠近对方，当对方递过物品时再以双手接拿，不可抢夺。

（3）_____。

面对对方，手臂向上伸出，掌心向外，指尖朝上，切勿乱摆。多用于向他人表示问候、致敬、感谢之意，可悄然无声地进行，也可_____。

二、计划与决策

根据任务背景概述和任务要求，将学生划分成若干小组，确定任务实施所需要用到的设备、仪器及工具，并对小组成员进行合理的角色分配，从而进行手势训练。

1. 姿态练习。

手位标准，姿态舒展、自然。

2. 场景练习。

能够依据不同的场景选择适当的手势，要遵循开放式原则。

三、实施

1. 直臂式、横摆式、曲臂式及斜臂式服务手势的训练。
2. 挥手道别、递接物品及举手致意等常用手势的训练。

四、检查

任务完成后，做如下检查：
1. 是否按照要求进行正确手势：_____。
2. 是否注意手势规范：_____。
3. 演练过程是否存在明显的问题：_____。
4. 仪器、设备及工具的使用是否规范，场地是否恢复：_____。

五、通过案例分析，写出你的感想

1) _____

_____

2) _____

_____

3) _____

六、评估

1. 项目评价。

评价表			
项目	评价指标	自评	互评
专业技能	基本手位：手位规范、身体自然舒展	□合格 □不合格	□合格 □不合格
	场景运用：能根据不同的情景选择适合的手势并能灵活运用	□合格 □不合格	□合格 □不合格
	语言提示：结合手势，给出适当的服务用语	□合格 □不合格	□合格 □不合格
工作态度	着装规范，举止大方，话术得体，符合职业要求	□合格 □不合格	□合格 □不合格
	正确查阅相关材料	□合格 □不合格	□合格 □不合格
	分工明确，配合默契	□合格 □不合格	□合格 □不合格
教师评价	教师签字　　　　年　月　日	成绩　□合格　□不合格	

2. 请根据自己的任务完成情况，对自己的工作进行自我评估，并提出改进意见。
1) _____
2) _____
3) _____

任务工单 3.6 城市轨道交通服务人员手信号演练

任务名称	城市轨道交通服务人员手信号演练	学时		班级	
学生姓名		学生学号		任务成绩	
实训设备、工具及仪器	墙镜1面，录像机1台，计算机1台，纸、笔、便笺本等文具若干	实训场地	服务礼仪实训室	日期	
任务描述	太原地铁大南门站，站务员在巡视站台无乘客上下列车后，向司机发送"好了"（可以发车）手信号				
任务目的	能够掌握城市轨道交通服务人员手信号的重要性，展现服务人员的专业性，以良好的服务形象为乘客提供服务。				

一、资讯

1. 任务背景概述：太原地铁大南门站，站务员在巡视站台发现无乘客上下列车后，向司机发送"好了"（可以发车）手信号。

2. 任务实施要点：

（1）_____。

手持信号灯/棒/旗显示：站立于规定停车位置，面向来车方向，靠近轨道侧手臂伸直与地面平行，且持红色信号灯/棒正对来车方向。

（2）_____。

手持信号灯/棒显示，面对司机。右手手持绿色信号灯，像列车车轮转动方向做圆周转动。

徒手显示：右手臂伸直，五指并拢，在面对驾驶室的位置，向列车车轮转动方向做圆周转动。

（3）_____。

手持绿色信号灯/棒，面对列车，右臂伸直上举，持绿色信号灯/棒，高举前后摇晃，手臂摆动幅度30°~45°，与列车垂直。显示时要注意：持信号灯/棒要稳、直，信号棒不可以抬得太低。

徒手显示：面对列车，右臂五指并拢伸直上举，前后摇晃，手臂抬高不可过低，手臂摆动幅度30°~45°。

二、计划与决策

根据任务背景概述和任务要求，将学生划分成若干小组，确定任务实施所需要用到的设备、仪器及工具，并对小组成员进行合理的角色分配，从而进行手信号训练。

1. 停车手信号练习。
2. 发车手信号练习。
3. 引导手信号练习。
4. 紧急停车手信号练习。
5. 关门手信号练习。

三、实施

太原地铁大南门站,站务员如若发现有乘客被夹在站台门和车门之间时,需及时向司机发送紧急停车手信号。如果没有乘客上下列车,则向司机发送发车手信号。当司机正常停车时,如果没有情况,要进行正确的停车手信号。若有情况,按照实际情况需要向司机发送其他形式的手信号。

四、检查

任务完成后,做如下检查:

1. 是否按照要求进行正确手信号:_____。
2. 是否注意手信号规范:_____。
3. 演练过程是否存在明显的问题:_____。
4. 仪器、设备及工具的使用是否规范,场地是否恢复:_____。

五、通过案例分析,写出你的感想

1) _____

_____

2) _____

_____

3) _____

六、评估

1. 项目评价。

评价表				
项目	评价指标		自评	互评
专业技能	停车手信号:显示目的、显示时间、显示地点、显示动作要领、收回时机		□合格 □不合格	□合格 □不合格
	发车手信号:显示目的、显示时间、显示地点、显示动作要领、收回时机		□合格 □不合格	□合格 □不合格
	引导手信号:显示目的、显示时间、显示地点、显示动作要领、收回时机		□合格 □不合格	□合格 □不合格
	紧急停车手信号:显示目的、显示时间、显示地点、显示动作要领、收回时机		□合格 □不合格	□合格 □不合格
	关门手信号:显示目的、显示时间、显示地点、显示动作要领、收回时机		□合格 □不合格	□合格 □不合格

（续）

项目	评价指标	自评	互评
工作态度	着装规范，举止大方，话术得体，符合职业要求	□合格　□不合格	□合格　□不合格
	正确查阅相关材料	□合格　□不合格	□合格　□不合格
	分工明确，配合默契	□合格　□不合格	□合格　□不合格
教师评价	教师签字 　　　年　月　日	成绩 □合格　　□不合格	

2. 请根据自己的任务完成情况，对自己的工作进行自我评估，并提出改进意见。

1) _____

2) _____

3) _____

任务工单4.1 城市轨道交通电话服务礼仪演练

任务名称	城市轨道交通电话服务礼仪演练	学时		班级	
学生姓名		学生学号		任务成绩	
实训设备、工具及仪器	电话机1部，计算机1台，纸、笔、便笺本等文具若干	实训场地	理实一体化教室	日期	
任务描述	太原地铁2号线南内环站服务人员陈瑜接到乘客王皓的求助电话，请求帮助其寻找一串附有U盘的钥匙链，热心市民李师傅捡到并主动归还。请学生分角色演练此电话服务内容				
任务目的	能够掌握城市轨道交通电话服务的礼仪及方法，能对乘客提出的问询和要求做出正确回答和妥善处理，巩固城市轨道交通电话服务礼仪的相关知识				

一、资讯

1. 任务背景概述：陈瑜是太原地铁2号线南内环站的一名服务人员。2021年9月8日上午9:30，陈瑜接到一位乘客打来的求助电话，请求帮助其寻找一串附有U盘的钥匙链。陈瑜接到了乘客王皓的电话求助，并采取了妥善的处理方式。当日18:00左右，热心市民李师傅致电陈瑜，声称捡到了失主王皓的钥匙链。陈瑜采取了适当的方法，将钥匙链归还到失主王皓手中。

2. 任务实施要点：

1）在接打电话前，要准备好记录工具。电话机旁应配备_____等，可供随时记录_____。应使用正确的接打电话姿势，单手_____听筒，停止一切不必要的动作。

2）在接打电话时，应做到文明礼貌、_____、语调热情、_____、表达清楚和_____。在接听电话时，应尽量在电话铃响_____声之内，带着微笑迅速接起电话并说出"_____"，让对方在电话中感受到热情的服务态度。接电话后应主动上报_____，通话时要音调适中、_____、语气柔和沉稳。在通话过程中，唇部和话筒保持_____左右的距离，耳朵要贴近听筒，仔细听对方讲话。接听电话要用心，_____空出随时记录有用信息，记录后_____，尤其记下人名、地名、_____、_____、数字等。

3）通话结束前，将谈过的内容_____，用积极的态度_____对方的来电或接听。留言或转告要及时_____，将来电所托事项填写在"电话留言便笺"上，或以口头形式传达，或以便条形式传递。

二、计划与决策

根据任务背景概述和任务要求，将学生划分成若干小组，确定任务实施所需要用到的设备、仪器及工具，并对小组成员进行合理的角色分配，制订详细的角色演练实施计划。

1. 需要用到的设备、仪器及工具。

2. 小组划分及小组成员角色分配。

3. 角色演练实施计划。

三、实施

"晋善晋美,大美太原!您好!这里是太原地铁2号线南内环站,请问有什么可以帮到您?"太原地铁服务人员陈瑜接到服务热线时说道。

"你好!是这样的,我今天早高峰时间段搭乘地铁,在南内环站下了车,到了公司才发现挂在公文包上的钥匙链不见了,上面挂有存放文件资料的U盘,对我来说非常重要,能不能麻烦您帮我找一找?"打来电话的乘客说道。

"好的,我需要请您留下一些必要的信息。请问您是大约几点出站的?您的钥匙链有什么特征?我们稍后可以帮您发布一则寻物启事,看是否有人捡到了您遗失的钥匙链。"陈瑜回答道。

"哦,我想想啊,我大约是8点10分左右从B出口出的站。我的钥匙链上面挂着一个棕色的小浣熊玩偶,上面还有一个蓝色外壳的U盘。"

"好的,您说的这些信息我已经记录下来了。那么请留下您的联系方式,我们得到相关线索后会立即与您取得联系。"陈瑜一边记录信息一边回答道。

"那就麻烦你了,我叫王皓,我的电话是135××××8589,非常感谢你们的帮忙。"失主王皓说道。

"不客气,这是我们应该做的。非常感谢您的来电。"陈瑜说完,等待几秒之后轻轻放下了听筒。

陈瑜放下电话后,将此事汇报给值班站长,在征得值班站长同意后,利用站内的广播和乘客信息系统发布了一则寻物启事。

到当天18点左右,陈瑜接到了另一通来电。

"晋善晋美,大美太原!您好!这里是太原地铁2号线南内环站,请问有什么可以帮到您?"陈瑜接到电话时说道。

"你好!是这样的,我今天上午去南内环站搭乘地铁去市里办事,在进站口B口楼梯拐角处捡到了一个钥匙链,进站之后,就看到了你们在乘客信息显示屏上发布的寻物启事,发现我捡到的钥匙链和你们在寻物启事中的描述基本一致。由于我当时快迟到了比较赶时间,所以没有立即把钥匙链归还。"来电乘客说道。

"那可真是太好了,失主遗失了钥匙链非常着急,多亏您捡到了。"陈瑜回答道。

"我已经回家了,我明天还要从南内环坐地铁出门办事,顺道把钥匙链给你们送过去,你看方便吗?"来电乘客说道。

"当然可以,您这么做极大地方便了我们的工作,请允许我代表失主王先生和全体地铁员工向您表示感谢。请问该如何称呼您?以及您明天早上大约几点到站,我去进站口接您。"陈瑜回答道。

"不用这么客气,举手之劳罢了。我姓李,大家都叫我李师傅,我的电话号码是137××××5259。我明天早上大约8点半到站,你们工作忙,不用麻烦你接了,我直接去服务中心找你就行。"热心市民李师傅说道。

"好的李师傅,我明天在服务中心恭候您的光临,随后我会致电失主王先生,请他时间方便的话当面领取。再次感谢您的热心帮助,感谢您的来电。"陈瑜说道。

"好的,明天见。"李师傅说道。

"明天见。"陈瑜说完,等待几秒之后轻轻放下了听筒。

随后,陈瑜致电失主王皓,告知其钥匙链已经找到,并简要说明了来龙去脉。失主王皓表示第二天的同一时段来车站领取遗失的物品。

第二天早晨8点半,李师傅如约来到了车站,将钥匙链当面送到了失主王皓的手中。失主王皓向李师傅和陈瑜表达了感谢。次日,失主王皓又向李师傅和南内环站全体工作人员赠送了表达感谢的锦旗。

四、检查

任务完成后,做如下检查:

1. 是否按照电话服务流程操作:＿＿＿＿＿＿＿＿＿＿。
2. 是否注意电话服务礼仪规范:＿＿＿＿＿＿＿＿＿＿。
3. 演练过程是否存在明显的问题:＿＿＿＿＿＿＿＿＿＿。
4. 仪器、设备及工具的使用是否规范,场地是否恢复:＿＿＿＿＿＿＿＿＿＿。

五、通过案例分析,写出你的感想

1) ＿＿

2) ＿＿

3) ＿＿

六、评估

1. 项目评价。

评价表				
项目	评价指标	自评		互评	
专业技能	掌握电话服务的礼仪和方法	□合格 □不合格		□合格 □不合格	
	按要求完成电话服务的实施	□合格 □不合格		□合格 □不合格	
	完整填写工作页	□合格 □不合格		□合格 □不合格	

（续）

项目	评价指标	自评	互评
工作态度	着装规范，举止大方，话术得体，符合职业要求	□合格 □不合格	□合格 □不合格
	正确查阅相关材料	□合格 □不合格	□合格 □不合格
	分工明确，配合默契	□合格 □不合格	□合格 □不合格
教师评价	教师签字 　　　年　月　日	成绩 □合格　□不合格	

2. 请根据自己的任务完成情况，对自己的工作进行自我评估，并提出改进意见。

1) _____

2) _____

3) _____

任务工单 4.2 城市轨道交通问询服务礼仪演练

任务名称	城市轨道交通问询服务礼仪演练	学时		班级	
学生姓名		学生学号		任务成绩	
实训设备、工具及仪器	对讲机 1 部，纸、笔、便笺本等文具若干	实训场地	理实一体化教室	日期	
任务描述	赵辉是太原地铁 2 号线嘉节站的一名服务人员，某日他在问询岗值班过程中，先后接待了问路的中年男子、走失的儿童以及行动不便的老人。请学生分角色演练该类问询服务任务					
任务目的	能够掌握城市轨道交通问询服务的礼仪和方法，能对乘客提出的问询及要求做出正确回答和妥善处理，巩固城市轨道交通问询服务礼仪的相关知识					

一、资讯

1. 任务背景概述：赵辉是太原地铁 2 号线嘉节站的一名服务人员。2021 年 10 月 15 日，他在问询岗值班过程中，先后接待了 3 位乘客，分别是问路的中年男子、走失的儿童以及行动不便的老人。他凭借扎实的专业知识、高超的业务水平以及恰如其分的服务礼仪妥善地解决了乘客提出的问询及需求。

2. 任务实施要点：

1）在应答乘客问询时，要_____回答，站姿要标准，目视乘客，_____集中，聆听乘客的问题，尽量做到边听边_____，给乘客一种_____之感。

2）在问询服务中，应尽量做到百问不厌、百问不倒。应熟练掌握本岗位的_____，多总结、积累、了解其他相关岗位的_____，多收集_____等相关延伸知识，这样才能帮乘客之所需。

3）服务人员要做到接待乘客要文明礼貌，纠正违章要态度和蔼，处理问题要实事求是。接待乘客_____，解决问题耐心，接受意见_____，工作认真细心。主动迎送，主动_____、主动照顾_____，主动解决乘客困难，主动介绍乘车常识，主动征求乘客意见。

4）对于重点照顾的乘客，服务人员在服务工作中，要以当好"老年人的_____""婴孩的_____""病人的_____""行动不便的人的_____""视力障碍者的_____""聋哑人的_____"为己任。

5）当乘客问路时，如果服务人员知道，应_____，必要时可以_____。如果服务人员不知道，不能信口开河、敷衍了事，可以说"_____"，并立即_____。

二、计划与决策

根据任务背景概述和任务要求，将学生划分成若干小组，确定任务实施所需要用到的设备、仪器及工具，并对小组成员进行合理的角色分配，制订详细的角色演练实施计划。

1. 需要用到的设备、仪器及工具。

2. 小组划分及小组成员角色分配。

3. 角色演练实施计划。

三、实施

2021年10月15日，赵辉像往常一样在太原地铁2号线嘉节站问询岗值班。

上午8：30左右，一名中年男子神色焦急地向赵辉走来，引起了赵辉的注意。

"乘客您好，这里是太原地铁2号线嘉节站，请问有什么可以帮到您？"赵辉主动上前问道。

"你好，我是来太原出差的，对市内交通不熟悉，想请问一下，到山西国际金融中心该如何搭乘地铁？"中年男子问道。

"好的，我立即帮您查询一下。"赵辉通过身旁的计算机很快查到了路线。紧接着对中年男子说道："乘客您好，这边帮您查询到，离山西国际金融中心最近的地铁站是南内环站，您从本站乘坐开往尖草坪站方向的列车，坐8站，到南内环站下车，从B口出站，步行约350m即可到达山西国际金融中心。"

"谢谢你，能不能麻烦你帮我把路线写在一张纸条上，我怕我忘记。"中年男子说。

"没问题，非常乐意帮您效劳。"于是赵辉将路线写在了一张便笺纸上，交给了中年男子。

"太感谢你了。"

"不客气，这是我们应该做的。感谢您选择太原地铁出行，祝您一路平安。"赵辉目送乘客前往站台。

上午9：45，站厅里一名儿童引起了赵辉的注意。在熙熙攘攘的站厅里，一名6岁左右的儿童独自低着头蹲在墙角，于是赵辉走上前去，发现儿童正在啜泣。

"小朋友，你别哭了，你是自己一个人出来的吗，你的妈妈呢？"赵辉问道。

"叔叔，今天早上我妈妈带我出来的，然后不知怎么的我和妈妈就走散了。"

"乖，别哭了，叔叔帮你找妈妈。"赵辉通过对讲机呼叫了综控室的一名女同事过来帮忙，将儿童带到员工休息室，给儿童提供了温水、饼干和糖果等。然后，赵辉通过综控室的广播在站内进行广播寻人。很快，儿童的母亲闻声赶来，亲人相聚。

"站务员同志，真是太感谢你了，我刚才接一个工作电话的工夫，孩子就走丢了，要不是你们的帮助，后果真是不堪设想。真是太感谢了。"儿童的母亲激动地说。

"别客气，这是我们应该做的，孩子没事就好。下次乘坐地铁要看管好孩子，切不可大意呀。"赵辉答道，然后目送母子离开。

上午11：20，一名步履蹒跚的老人进入了赵辉的视线。老人手拄拐杖，步伐缓慢，于是赵辉走上前去。

"大伯，我是车站的站务员，我看您腿脚可能不太方便，您是要进站坐车吗，需不需要我扶您过去？"赵辉问道。

"小伙子，我腿脚确实不太好，而且我视弱，看不太清东西，到了车站里就更厉害了。"老人说道。

"您别担心，我扶您上车，您是去往哪个方向的，在哪站下车？"

"我往西桥方向坐，通达街站下车。"

"好的，我带您下去。"

赵辉扶着老人慢慢地走到站台，把老人送上了车，临走前不忘叮嘱老人身旁的乘客帮忙照顾一下老人。

四、检查

任务完成后，做如下检查：

1. 是否按照问询服务流程操作：_____。
2. 是否注意问询服务礼仪规范：_____。
3. 演练过程中是否存在明显的问题：_____。
4. 仪器、设备及工具的使用是否规范，场地是否恢复：_____。

五、通过案例分析，写出你的感想

1) _____

2) _____

3) _____

六、评估

1. 项目评价。

评价表			
项目	评价指标	自评	互评
专业技能	掌握问询服务的礼仪和方法	□合格 □不合格	□合格 □不合格
	按要求完成问询服务的实施	□合格 □不合格	□合格 □不合格
	完整填写工作页	□合格 □不合格	□合格 □不合格

(续)

项目	评价指标	自评	互评
工作态度	着装规范，举止大方，话术得体，符合职业要求	□合格　□不合格	□合格　□不合格
	正确查阅相关材料	□合格　□不合格	□合格　□不合格
	分工明确，配合默契	□合格　□不合格	□合格　□不合格
教师评价	教师签字 　　　　年　月　日	成绩 □合格　　□不合格	

2. 请根据自己的任务完成情况，对自己的工作进行自我评估，并提出改进意见。

1) _____

2) _____

3) _____

任务工单 4.3　城市轨道交通安检服务礼仪演练

任务名称	城市轨道交通安检服务礼仪演练	学时		班级	
学生姓名		学生学号		任务成绩	
实训设备、工具及仪器	对讲机 1 部，安检仪 1 台，手持安检仪 1 部	实训场地	理实一体化教室	日期	
任务描述	吴丽丽是深圳地铁 1 号线罗湖站的一名服务人员，某日她在安检岗值班过程中，先后接待了一名携带自行车进站和一名携带打火机进站的乘客。请学生分角色演练此安检服务任务				
任务目的	能够掌握城市轨道交通安检服务的礼仪和方法，能对乘客进行适当正确的安检服务，对乘客携带违禁物品能做到妥善处理，巩固城市轨道交通安检服务礼仪理论并掌握相关技能				

一、资讯

1. 任务背景概述：吴丽丽是深圳地铁 1 号线罗湖站的一名服务人员。某日，她在安检岗值班过程中，先后接待了一名携带自行车进站和一名携带打火机进站的乘客。她凭借扎实的专业知识、高超的业务水平以及恰如其分的服务礼仪妥善地对乘客进行了安检服务，妥善处理了乘客携带违禁物品的问题。

2. 任务实施要点：

1）地铁安检一般有三种检查设备：一是 X 射线安检设备，主要用于检查＿＿＿＿＿＿＿；二是探测检查门，主要用于检查＿＿＿＿＿＿＿＿＿＿；三是磁性探测器，也叫手提式探测器，主要用于＿＿＿＿＿＿＿＿＿检查。

2）在安检之前，服务人员应主动向乘客提示："＿＿＿＿＿＿＿＿＿＿＿＿＿＿"在检查时，服务人员应主动＿＿＿＿＿＿＿＿。检查之后，服务人员应向乘客表示感谢："＿＿＿＿＿＿＿＿＿＿＿＿＿＿"并帮助乘客把行李从检测仪上拿下来。

3）在发现乘客携带超长、超重物品时，提醒乘客："＿＿＿＿＿＿＿＿＿＿"服务人员耐心地向乘客解释城市轨道交通的有关规定，建议乘客＿＿＿＿＿＿＿＿＿＿。如果乘客因为东西太重不愿意出站，可以＿＿＿＿＿＿＿＿＿。

4）在发现乘客包内有违禁物品时，＿＿＿＿＿＿＿＿＿检查，保护好乘客隐私，耐心地向乘客解释＿＿＿＿＿＿＿＿＿＿，向乘客介绍＿＿＿＿＿＿＿＿。如遇态度强硬的乘客，可以＿＿＿＿＿＿＿＿＿＿＿。

二、计划与决策

根据任务背景概述和任务要求，将学生划分成若干小组，确定任务实施所需要用到的设备、仪器及工具，并对小组成员进行合理的角色分配，制订详细的角色演练实施计划。

1. 需要用到的设备、仪器及工具。

任务工单 4.3　城市轨道交通安检服务礼仪演练

2. 小组划分及小组成员角色分配。

3. 角色演练实施计划。

三、实施

案例一：

吴丽丽是深圳地铁 1 号线罗湖站的一名服务人员。某日，她在安检岗值班过程中，有一名携带自行车的乘客准备通过安检进站，吴丽丽将这名乘客拦了下来。

"乘客您好，请问您是要携带这辆自行车进站是吗？"

"是啊，我刚从附近商场给我孙女买了自行车，这不是家离得远，我就坐地铁回去，自行车总不能算违禁物品吧？"

吴丽丽耐心地解释道："乘客您好，是这样的，自行车不属于我们通常所说的易燃易爆等违禁物品，但是由于自行车尺寸很长，属于我们所说的超长、超重物品，携带这类物品乘坐地铁，会给地铁运营带来安全隐患，会危及广大乘客的安全，因此不能携带该物品进入车站乘车。"

"还有这个说法？我这可是刚买的崭新的自行车，同志，你就让我进去吧，不然我也不好回家呀。"

"乘客，不好意思，我们真的无法让您进去，给您带来不便请您谅解，感谢您配合我们的工作。"

"同志，地铁没法坐了，那我该如何回家呢？"

"乘客，我们这边建议您改乘其他的交通工具，例如出租车，或者请您的家人来接您。"

"那好吧，我联系我儿子过来接我吧。你说我这么费劲把自行车搬下来，哎……"

"乘客您好，我和我的同事可以帮您把自行车搬到出站口，非常感谢您配合我们的工作。"

"维护乘车安全是广大市民的义务，我能理解，那就麻烦你们帮我搬一下了。"

"不客气，您请这边走。"吴丽丽的同事帮助乘客将自行车搬出站外。

案例二：

吴丽丽在安检岗值班过程中，还接待了一名携带打火机进站的乘客。这名乘客在通过安检探测检查门时，探测门发出了"嘀嘀嘀"的报警声。

"乘客您好，您可能携带了违禁物品，我们需要用手持探测仪再检测一下，麻烦您配合一下。"

"好的。"

吴丽丽用手持式金属探测仪再次检查，将该名乘客随身携带的可能发出报警声的钥匙、手机等金属物品取出后进行手持式金属探测仪检测，依然有"嘀嘀嘀"的报警声，最后发现该乘客携带了一个打火机。

"乘客您好，根据城市轨道交通安全的有关规定，打火机属于易燃易爆危险品，按规定不能携带打火机进站乘车，麻烦您将打火机投进我们的违禁品收集箱再进站，感谢您的配合。"

"是这样啊，不好意思啊，我没注意我带了打火机。"然后该乘客将打火机投入指定位置。

"非常感谢您对我们工作的支持和配合，欢迎再次乘坐深圳地铁。"吴丽丽目送其进站。

四、检查

任务完成后,做如下检查:

1. 是否按照安检服务流程操作:_____。
2. 是否注意安检服务礼仪规范:_____。
3. 演练过程是否存在明显的问题:_____。
4. 仪器、设备及工具的使用是否规范,场地是否恢复:_____。

五、通过案例分析,写出你的感想

1) _____

_____

2) _____

_____

3) _____

六、评估

1. 项目评价。

<table>
<tr><td colspan="4">评价表</td></tr>
<tr><td>项目</td><td>评价指标</td><td>自评</td><td>互评</td></tr>
<tr><td rowspan="3">专业技能</td><td>掌握安检服务的礼仪和方法</td><td>□合格 □不合格</td><td>□合格 □不合格</td></tr>
<tr><td>按要求完成安检服务的实施</td><td>□合格 □不合格</td><td>□合格 □不合格</td></tr>
<tr><td>完整填写工作页</td><td>□合格 □不合格</td><td>□合格 □不合格</td></tr>
<tr><td rowspan="3">工作态度</td><td>着装规范,举止大方,话术得体,符合职业要求</td><td>□合格 □不合格</td><td>□合格 □不合格</td></tr>
<tr><td>正确查阅相关材料</td><td>□合格 □不合格</td><td>□合格 □不合格</td></tr>
<tr><td>分工明确,配合默契</td><td>□合格 □不合格</td><td>□合格 □不合格</td></tr>
<tr><td>教师评价</td><td>教师签字
　　　　年　月　日</td><td colspan="2">成绩
□合格　　□不合格</td></tr>
</table>

2. 请根据自己的任务完成情况,对自己的工作进行自我评估,并提出改进意见。

1) _____

_____

2) _____

_____

3) _____

任务工单4.4　城市轨道交通引导服务礼仪演练

任务名称	城市轨道交通引导服务礼仪演练	学时		班级	
学生姓名		学生学号		任务成绩	
实训设备、工具及仪器	对讲机1部	实训场地	理实一体化教室	日期	
任务描述	冯欣是武汉地铁1号线友谊路站的一名服务人员，某日她在车站引导岗位值班过程中，先后接待了一名不会使用自动售票机的中年乘客和一名腿部残疾的老年乘客。请学生分角色演练此引导服务任务				
任务目的	能够掌握城市轨道交通引导服务的礼仪和方法，能对乘客进行正确的引导服务，对乘客提出的合理要求能做到妥善处理，巩固城市轨道交通引导服务礼仪的相关知识				

一、资讯

1. 任务背景概述：冯欣是武汉地铁1号线友谊路站的一名服务人员。某日，她在车站引导岗位值班过程中，先后接待了一名不会使用自动售票机的中年乘客和一名腿部残疾的老年乘客。她凭借扎实的专业知识、高超的业务水平以及恰如其分的服务礼仪妥善地对乘客进行了引导服务，使乘客顺利乘坐地铁出行。

2. 任务实施要点：

1）引导方法主要有三种：＿＿＿＿＿、＿＿＿＿＿、＿＿＿＿＿。

2）引导手势主要有四种：＿＿＿＿＿、＿＿＿＿＿、＿＿＿＿＿、＿＿＿＿＿。

3）残疾人引导服务要点：如果有直梯，帮助残疾乘客＿＿＿＿＿；如果没有直梯，则安排乘客乘坐＿＿＿＿＿。引导与陪同，在推行轮椅的过程中，应注意＿＿＿＿＿，在轮椅陪护过程中应减少＿＿＿＿＿，轮椅行进过程中提示＿＿＿＿＿协助安检时，引导乘客至安检位置，对乘客的行李和轮椅进行检查，尽可能由＿＿＿＿＿完成，尽量减少＿＿＿＿＿，并给予乘客足够的＿＿＿＿＿。协助进出付费区，引导乘客至售票处，带乘客完成购票，引导乘客从＿＿＿＿＿进出付费区，并帮助其＿＿＿＿＿。协助上下车，引导乘客至划定的＿＿＿＿＿区域，疏导其他乘客到相邻车门排队候车，使用＿＿＿＿＿让乘客安全上下车。上车时，要将乘客护送至车厢内＿＿＿＿＿，确认轮椅已经＿＿＿＿＿或＿＿＿＿＿，并提醒乘客坐稳扶好。通知目的地站，告知乘客＿＿＿＿＿，在引导他们坐上列车后，通知目的车站及换乘车站的工作人员，该乘客所乘车次、＿＿＿＿＿等信息，目的地站应做好相应的准备工作。

4）自动售票机引导服务要点：服务人员需要为初次使用自动售票机购票或在购票时遇到困难的乘客提供引导服务，在为乘客进行购票引导时，在空间允许的前提下，服务人员应站在＿＿＿＿＿，与乘客保持适当的距离，使用＿＿＿＿＿进行引导。在引导时，服务人员要＿＿＿＿＿，常用的服务语言有："＿＿＿＿＿""请问您去哪个车站？"当乘客不清楚要去哪个车站时，可询问乘客的目的地："请问您要去哪里呢？"当售票机退回乘客投入的钱币时，服务人员需向乘客解释："＿＿＿＿＿。"最后，要提醒乘客＿＿＿＿＿。原则上，不允许接收乘客的纸币帮乘客购票。

二、计划与决策

根据任务背景概述和任务要求，将学生划分成若干小组，确定任务实施所需要用到的设备、仪器及工具，并对小组成员进行合理的角色分配，制订详细的角色演练实施计划。

1. 需要用到的设备、仪器及工具。

2. 小组划分及小组成员角色分配。

3. 角色演练实施计划。

三、实施

某日，冯欣在值班过程中发现一名中年乘客站在自动售票机前，迟迟没有离去。于是，她走上前去询问情况。

冯欣："乘客您好，我是友谊路站的服务人员，请问有什么可以帮您的吗？"冯欣问道。

乘客："你好！是这样的，我想乘地铁去黄浦路站，但是不太会使用这个售票机，麻烦你教我一下可以吗？"乘客回答道。

冯欣："当然，很乐意为您效劳。您刚才说您是要去黄浦路站，那么乘1号线坐4站就到了。请您注意看售票机的屏幕显示，我教您一步，您操作一步，很方便的。"

乘客："好的。"

冯欣："首先，您先选择1号线。"

乘客："好的，然后呢？"

冯欣："然后，点击选择1号线上面的黄浦路站。"

乘客："好的，选好了。"

冯欣："然后请您选择购票张数，您是单独乘车，所以点击1张就可以了。"

乘客："好的，选好1张了。"

冯欣："好的，请问您是现金支付，还是手机扫码支付？"

乘客："我用现金支付。"

冯欣："好的，请您把5元或者10元纸币塞进投币口，机器识别成功之后，车票和找零就自动出来了，请您留意出票口。"

乘客："好的。"乘客把10元纸币塞进了投币口。

紧接着，1张单程票和找零的6枚1元硬币自动弹出。

乘客："谢谢你啊，这么耐心教我，以后我自己就会用了。"

冯欣："不客气，这是我们应该做的。"冯欣目送乘客进了站。

接着，一名乘轮椅的老年乘客进入了冯欣的视线，冯欣走上前去查看情况。该乘客是独自出来坐地铁的，显然很需要冯欣的帮助。

任务工单 4.4　城市轨道交通引导服务礼仪演练

　　冯欣慢慢地推着轮椅，注意减少对其他乘客的妨碍，还不时地提示周围乘客避让。冯欣推着轮椅，引导乘客至安检位置，并协助其对携带的行李和轮椅进行检查，尽量减少琐碎不便的环节，并给予乘客足够的尊重。然后，冯欣引导乘客至售票处，待乘客购票后，引导乘客通过闸机进站。之后，冯欣安排乘客乘坐垂直电梯到达站台，再引导乘客至划定的站台无障碍候车区域，疏导其他乘客到相邻车门排队候车，使用渡板让乘客安全上车。上车后，冯欣将乘客护送至车厢内无障碍专用位置，用列车上专用挂钩固定轮椅，提醒乘客坐稳扶好，并告知乘客目的地站会有服务人员接送。

　　在引导残疾乘客坐上车后，冯欣将该乘客所乘车次、车号、发车时间、所在车门位置、列车路线等信息通知目的地站的工作人员，以便目的地站的工作人员做好相应的准备工作。

四、检查

任务完成后，做如下检查：
1. 是否按照引导服务流程操作：_____。
2. 是否注意引导服务礼仪规范：_____。
3. 演练过程是否存在明显的问题：_____。
4. 仪器、设备及工具的使用是否规范，场地是否恢复：_____。

五、通过案例分析，写出你的感想

1) _____
_____

2) _____
_____

3) _____
_____

六、评估

1. 项目评价。

评价表			
项目	评价指标	自评	互评
专业技能	掌握引导服务的礼仪和方法	□合格　□不合格	□合格　□不合格
专业技能	按要求完成引导服务的实施	□合格　□不合格	□合格　□不合格
专业技能	完整填写工作页	□合格　□不合格	□合格　□不合格
工作态度	着装规范，举止大方，话术得体，符合职业要求	□合格　□不合格	□合格　□不合格
工作态度	正确查阅相关材料	□合格　□不合格	□合格　□不合格
工作态度	分工明确，配合默契	□合格　□不合格	□合格　□不合格
教师评价	教师签字　　　　年　月　日	成绩　　□合格　　□不合格	

2. 请根据自己的任务完成情况，对自己的工作进行自我评估，并提出改进意见。

1) _____

_____

2) _____

_____

3) _____

_____

任务工单 4.5　城市轨道交通交谈服务礼仪演练

任务名称	城市轨道交通交谈服务礼仪演练	学时		班级	
学生姓名		学生学号		任务成绩	
实训设备、工具及仪器	对讲机 1 部	实训场地	理实一体化教室	日期	
任务描述	武瑞是西安地铁 1 号线劳动路站的一名服务人员。某日，他在车站站厅值班过程中，接待了一名视障乘客。根据该情景请学生分角色演练此交谈服务任务				
任务目的	能够掌握城市轨道交通交谈服务的礼仪和方法，能针对不同需求的乘客进行正确的交谈服务，对乘客提出的合理要求能做到妥善处理，以此来巩固城市轨道交通交谈服务礼仪的掌握				

一、资讯

1. 任务背景概述：武瑞是西安地铁 1 号线劳动路站的一名服务人员。某日，他在车站站厅值班过程中，接待了一名视障乘客。他凭借扎实的专业知识、高超的业务水平以及恰如其分的服务礼仪妥善地对乘客进行了服务，使视障乘客得以顺利地乘坐地铁出行。

2. 任务实施要点：

1)《城市轨道交通客运服务》（GB/T 22486—2022）中对服务人员的服务用语有以下要求：服务语言应使用_____话；问询、播音应提供英语服务；服务用语应表达规范、_____；服务文字应用中文书写，民族自治地区还应增加_____；应根据本地区的特点提出_____，对服务人员应进行_____培训。

2) 在交谈服务中，服务人员需要根据实际情况采用合适的态度来服务。例如，在正常的交谈服务中，应采用_____态度与乘客沟通。但若乘客的行为威胁到城市轨道交通的运行安全、乘客的生命财产安全和服务人员的人身安全，面对不合作的乘客要采取_____态度与之沟通。

3) 服务人员咬字要_____，音量要_____，以对方听清楚为准，切忌大声说话，语调要_____，使乘客感到亲切自然。

4) 在交谈服务过程中，禁止使用_____的语句。

二、计划与决策

根据任务背景概述和任务要求，将学生划分成若干小组，确定任务实施所需要用到的设备、仪器及工具，并对小组成员进行合理的角色分配，制订详细的角色演练实施计划。

1. 需要用到的设备、仪器及工具。

2. 小组划分及小组成员角色分配。

3. 角色演练实施计划。

三、实施

武瑞是西安地铁1号线劳动路站的一名服务人员。某日,他在车站站厅值班过程中,一名视障乘客引起了他的注意。

这名乘客在进站口徘徊了一会儿,武瑞走上前去问道:"您好,请问您需要帮助吗?"

"你好,我眼睛不太方便,我想换一张票。"乘客一边拿出残疾证一边说道。

"没问题,请您跟我来。"武瑞引导乘客稳步走向售票处。

武瑞:"请问您是去往哪一站?"

乘客:"我要到朝阳门站。"

然后,武瑞对售票处的同事说道:"这是这名乘客的证件,需要换一张单程票,去往朝阳门站。"

在换票过程中,武瑞对乘客说:"乘客您好,您下次来乘坐地铁的时候,可以凭证件直接到售票处的窗口进行换票,我们的同事会给您提供力所能及的帮助。"

乘客:"好的,下次我再过来时就会处理了,谢谢你的帮助!"

武瑞:"不客气,这是我们应该做的。"

拿到票之后,武瑞引导视障乘客通过闸机进了站,还引导乘客使用了垂直电梯,提醒乘客乘坐电梯时需要注意的事项。

紧接着,武瑞引导乘客到站台安全区域等候列车。列车到站之后,武瑞把乘客送上了车,安排就座。

安顿好乘客,武瑞联系朝阳门站的工作人员,提醒他们留意该名乘客的动态,及时合理安排其下车出站。

四、检查

任务完成后,做如下检查:

1. 是否按照交谈服务流程操作:_____。
2. 是否注意交谈服务礼仪规范:_____。
3. 演练过程是否存在明显的问题:_____。
4. 仪器、设备及工具的使用是否规范,场地是否恢复:_____。

五、通过案例分析,写出你的感想

1) _____
_____

2) _____
_____

3) _____

六、评估

1. 项目评价。

<table>
<tr><td colspan="5" align="center">评价表</td></tr>
<tr><td>项目</td><td>评价指标</td><td>自评</td><td colspan="2">互评</td></tr>
<tr><td rowspan="3">专业技能</td><td>掌握交谈服务的礼仪和方法</td><td>□合格 □不合格</td><td colspan="2">□合格 □不合格</td></tr>
<tr><td>按要求完成交谈服务的实施</td><td>□合格 □不合格</td><td colspan="2">□合格 □不合格</td></tr>
<tr><td>完整填写工作页</td><td>□合格 □不合格</td><td colspan="2">□合格 □不合格</td></tr>
<tr><td rowspan="3">工作态度</td><td>着装规范，举止大方，话术得体，符合职业要求</td><td>□合格 □不合格</td><td colspan="2">□合格 □不合格</td></tr>
<tr><td>正确查阅相关材料</td><td>□合格 □不合格</td><td colspan="2">□合格 □不合格</td></tr>
<tr><td>分工明确，配合默契</td><td>□合格 □不合格</td><td colspan="2">□合格 □不合格</td></tr>
<tr><td rowspan="2">教师评价</td><td rowspan="2">教师签字
　　　年　月　日</td><td colspan="2">成绩</td></tr>
<tr><td colspan="2">□合格　　□不合格</td></tr>
</table>

2. 请根据自己的任务完成情况，对自己的工作进行自我评估，并提出改进意见。

1) _____

2) _____

3) _____

任务工单4.6　城市轨道交通售票服务礼仪演练

任务名称	城市轨道交通售票服务礼仪演练	学时		班级	
学生姓名		学生学号		任务成绩	
实训设备、工具及仪器	BOM机1台、钱箱1套、零钱、票卡若干	实训场地	理实一体化教室	日期	
任务描述	梁琴是郑州地铁1号线五一公园站的一名票务员，某日她在车站乘客服务中心值班过程中，陆续接待了几名乘客。请学生分角色演练此售票服务任务				
任务目的	能够掌握城市轨道交通售票服务的礼仪及方法，能对乘客进行正确的售票服务，对乘客提出的合理要求能做到妥善处理，巩固对城市轨道交通售票服务礼仪的掌握				

一、资讯

1. 任务背景概述：梁琴是郑州地铁1号线五一公园站的一名票务员。某日，她在车站乘客服务中心值班过程中，陆续接待了几名乘客。她凭借扎实的专业知识、高超的业务水平以及恰如其分的服务礼仪妥善地对乘客进行了服务，使乘客能够顺利乘坐地铁出行。

2. 任务实施要点：

1）在乘客购买单程票时，售票员应该严格执行"_____"的程序。

2）在为乘客进行一卡通发卡和充值时，售票员应该严格执行"_____"的程序。

3）当乘客的一卡通无法刷卡进站时，售票员应_____，判断_____。如果一卡通余额不足，售票员应_____。如果乘客已有本次进站记录，售票员可以_____。如果一卡通无上次出站记录，则应_____。如果一卡通消磁，售票员应_____。

4）发售福利票服务的基本流程如下：售票员主动问候乘客："_____。""请您稍等。"售票员双手接过乘客的相关证件，核对_____。售票员如实填写_____，并要求乘客_____。"请您收好，慢走。"售票员将福利票双手递给乘客。

5）售票服务基本要求：必须佩戴工号牌，做到仪表整洁、仪容端庄。在工作时应做到_____，不与同事闲聊。在售票时应做到准确无误；对乘客表达不清楚的地方，要仔细问清楚，以免出错。在任何情况下，_____应同时交给乘客，并提醒乘客_____。仔细聆听乘客的询问，耐心听取乘客的意见；在乘客说话时，保持眼神接触，并且点头表示明白或给予适当回应。业务熟练，工作有序、高效。对来到乘客服务中心的乘客，应主动问好，耐心并有礼貌地向他们了解信息，了解乘客需要，解决乘客遇到的问题。

二、计划与决策

根据任务背景概述和任务要求，将学生划分成若干小组，确定任务实施所需要用到的设备、仪器及工具,并对小组成员进行合理的角色分配,制订详细的角色演练实施计划。

1. 需要用到的设备、仪器及工具。

2. 小组划分及小组成员角色分配。

3. 角色演练实施计划。

三、实施

梁琴是郑州地铁1号线五一公园站的一名票务员。某日,她在车站乘客服务中心值班过程中,一名乘客来到窗口前。

"乘客您好,欢迎乘坐郑州地铁1号线。"梁琴热情地问候道。

"你好,我要买一张去往会展中心站的票。"乘客说道。

梁琴:"好的,到会展中心站的单程票是3元。"

梁琴双手接过乘客递来的5元钱,面带微笑向乘客说:"收您5元。"接过票款后,梁琴进行验钞,并将收取的票款放在售票台面上。梁琴:"您好,您购买到会展中心站的单程票1张,共3元"。然后,她在半自动售票机上选择相应的功能键,熟练地售出车票。

"您好,到会展中心站的单程票1张,找您2元,请您当面点清票款。"梁琴说道。

"好的,谢谢!"乘客说。

梁琴:"不客气,请您慢走。"待乘客离开窗口后,梁琴将台面上的票款收入放进钱箱内。

稍后,又有一名乘客来到窗口前。

梁琴:"您好,欢迎乘坐郑州地铁1号线,请问有什么可以帮您?"

"你好,我的一卡通显示余额不足,我想充值。"乘客说着将一卡通递进窗口。

"好的,没问题。"梁琴双手接过乘客递来的一卡通:"请问您想充值多少元呢?"

"先充100元吧。"说完乘客将100元纸币递进窗口。

"好的,收您100元。"梁琴面带微笑接过乘客纸币,然后进行验钞,将收取的票款放在售票台面上。"您好,一卡通当前余额1.2元,本次将为您的一卡通充值100元,充值后的金额将为101.2元,请您核对信息。"

"没问题。"乘客说道。

梁琴按照设备使用规定,通过半自动售票机准确为一卡通进行充值。

"您好,已为您的一卡通成功充值100元,这是您的一卡通和发票,请您收好。"梁琴将一卡通和发票一起礼貌地交给乘客。

乘客:"好的,谢谢。"

梁琴:"不客气,欢迎您乘坐郑州地铁。"待乘客离开窗口后,梁琴将台面上的票款收入放进钱箱内。

四、检查

任务完成后，做如下检查：

1. 是否按照售票服务流程操作：_____。
2. 是否注意售票服务礼仪规范：_____。
3. 演练过程是否存在明显的问题：_____。
4. 仪器、设备及工具的使用是否规范，场地是否恢复：_____。

五、通过案例分析，写出你的感想

1) _____

_____

2) _____

_____

3) _____

_____

六、评估

1. 项目评价。

评价表			
项目	评价指标	自评	互评
专业技能	掌握售票服务的礼仪和方法	□合格 □不合格	□合格 □不合格
	按要求完成售票服务的实施	□合格 □不合格	□合格 □不合格
	完整填写工作页	□合格 □不合格	□合格 □不合格
工作态度	着装规范，举止大方，话术得体，符合职业要求	□合格 □不合格	□合格 □不合格
	正确查阅相关材料	□合格 □不合格	□合格 □不合格
	分工明确，配合默契	□合格 □不合格	□合格 □不合格
教师评价	教师签字 年　月　日	成绩 □合格　□不合格	

2. 请根据自己的任务完成情况，对自己的工作进行自我评估，并提出改进意见。

1) _____

_____

2) _____

_____

3) _____

_____

任务工单 4.7　城市轨道交通检票服务礼仪演练

任务名称	城市轨道交通检票服务礼仪演练	学时		班级	
学生姓名		学生学号		任务成绩	
实训设备、工具及仪器	闸机 2 台	实训场地	理实一体化教室	日期	
任务描述	杨磊是广州地铁 1 号线杨箕站的一名站务员，某日他在车站检票岗值班过程中，陆续接待了几名乘客。请学生分角色演练此检票服务				
任务目的	能够掌握城市轨道交通检票服务的礼仪及方法，能对乘客进行正确的检票服务，对乘客提出的合理要求能做到妥善处理，巩固对城市轨道交通检票服务礼仪的掌握				

一、资讯

1. 任务背景概述：杨磊是广州地铁 1 号线杨箕站的一名站务员。某日，他在车站检票岗值班过程中，陆续接待了几名乘客。他凭借扎实的专业知识、高超的业务水平以及恰如其分的服务礼仪妥善地为乘客进行了服务，使乘客能够顺利乘坐地铁出行。

2. 任务实施要点：

1）站务员在闸机处进行检票服务时，应执行"＿＿＿＿＿＿＿＿＿＿＿＿"的作业程序。

2）乘客初次使用单程车票时，站务员应耐心地告诉并指导乘客："＿＿＿＿＿＿＿＿＿＿＿＿"必要时＿＿＿＿＿＿＿＿＿＿＿＿，注意不要影响其他乘客进出闸机。

3）对初次使用车票进闸的乘客，特别是老年乘客，需要站务员耐心指引："＿＿＿＿＿＿＿＿＿＿＿＿"如果使用的是转杆闸机，还要在验票指引后再提醒乘客："＿＿＿＿＿＿＿＿＿＿＿＿"。在进行指引服务时注意使用引导手势。在出闸指引时，站务员可以说："＿＿＿＿＿＿＿＿＿＿＿＿"或"乘客您好，请将车票放入投币口后，推动转杆"。

4）当发现乘客刷卡正确，但刷卡无效时，站务员应＿＿＿＿＿＿＿＿＿＿，礼貌地向乘客了解情况。如果仍不能解决，站务员需要安抚乘客："＿＿＿＿＿＿＿＿＿＿"然后应＿＿＿＿＿＿＿＿＿＿＿，礼貌地用手掌指向前往的方向。若情况许可，站务员最好能＿＿＿＿＿＿＿＿＿＿＿＿，以免乘客重复提出问题。站务员在服务中应注意使用文明用语，如＿＿＿＿＿＿＿＿＿＿＿＿等。

5）当乘客携带大件行李时，站务员应礼貌地和乘客沟通，建议其使用直梯："＿＿＿＿＿＿＿＿＿＿＿＿"引导其从宽闸机进站："＿＿＿＿＿＿＿＿＿＿＿＿"。

二、计划与决策

根据任务背景概述和任务要求，将学生划分成若干小组，确定任务实施所需要用到的设备、仪器及工具，并对小组成员进行合理的角色分配，制订详细的角色演练实施计划。

1. 需要用到的设备、仪器及工具。

2. 小组划分及小组成员角色分配。

3. 角色演练实施计划。

三、实施

杨磊是广州地铁1号线杨箕站的一名站务员。某日，他在车站检票岗值班过程中，发现一名老年乘客迟迟没有通过闸机进站。

"乘客您好，请问有什么可以帮您吗？"杨磊热情地向乘客问道。

"小伙子你好，我买了车票准备进站。我今天出门没带老花镜，看不清进站机器上面的字，进不了站。"老年乘客说道。

"您别着急，我来帮助您。请您把车票拿在右手上，往后退一步，站在闸机黄色安全线以外。"

乘客："好的。"

杨磊："然后，请您将车票放在验票区上方，验票区就在我手势指向的位置。"

乘客："好的。"

杨磊："验票成功之后，会有提示音。您听到滴声后，扇门打开，就可以进站了。"

"滴"。闸机扇门打开，乘客顺利进站。

"谢谢你呀，小伙子。"乘客感谢地说道。

"不客气，感谢您乘坐广州地铁，祝您一路平安。"杨磊目送乘客进站。

随后，有一名中年乘客在闸机前徘徊，无法出站。杨磊上前了解情况："您好，请问有什么可以帮您的？"

"你好，我从黄沙站坐过来的，刷一卡通出站时闸机怎么也不打开。"乘客说道。

"请您别着急，不介意的话请您跟我来，我帮您查询一下。"杨磊引导乘客一同前往乘客服务中心进行查询。杨磊对乘客服务中心的同事说明了情况，经售票机查询，该乘客的一卡通余额不足，遂导致闸机不开启。

"乘客您好，您的一卡通余额不足，导致闸机不开启，所以无法出站。请您先对一卡通进行充值，然后刷卡方可出站。"杨磊向乘客解释道。

"好的，那我能直接在这里办理充值吗？"乘客问道。

杨磊："可以的，您可以直接在乘客服务中心办理，我们的同事会为您办理充值。"

乘客："好的，那就麻烦了。"

杨磊："不客气，很乐意为您效劳。"乘客充值后顺利出闸。

四、检查

任务完成后，做如下检查：

1. 是否按照检票服务流程操作：_____。
2. 是否注意检票服务礼仪规范：_____。
3. 演练过程是否存在明显的问题：_____。

4. 仪器、设备及工具的使用是否规范，场地是否恢复：_____。

五、通过案例分析，写出你的感想

1) _____

2) _____

3) _____

六、评估

1. 项目评价。

<table><tr><td colspan="4">评价表</td></tr><tr><td>项目</td><td>评价指标</td><td>自评</td><td>互评</td></tr><tr><td rowspan="3">专业技能</td><td>掌握检票服务的礼仪和方法</td><td>□合格 □不合格</td><td>□合格 □不合格</td></tr><tr><td>按要求完成检票服务的实施</td><td>□合格 □不合格</td><td>□合格 □不合格</td></tr><tr><td>完整填写工作页</td><td>□合格 □不合格</td><td>□合格 □不合格</td></tr><tr><td rowspan="3">工作态度</td><td>着装规范，举止大方，话术得体，符合职业要求</td><td>□合格 □不合格</td><td>□合格 □不合格</td></tr><tr><td>正确查阅相关材料</td><td>□合格 □不合格</td><td>□合格 □不合格</td></tr><tr><td>分工明确，配合默契</td><td>□合格 □不合格</td><td>□合格 □不合格</td></tr><tr><td rowspan="2">教师评价</td><td>教师签字
　　年　月　日</td><td colspan="2">成绩
□合格　　□不合格</td></tr></table>

2. 请根据自己的任务完成情况，对自己的工作进行自我评估，并提出改进意见。

1) _____

2) _____

3) _____

任务工单4.8 城市轨道交通接发列车服务礼仪演练

任务名称	城市轨道交通接发列车服务礼仪演练	学时		班级	
学生姓名		学生学号		任务成绩	
实训设备、工具及仪器	对讲机1台,手提广播1台	实训场地	理实一体化教室	日期	
任务描述	张远是南京地铁1号线鼓楼站的一名站务员,某日,他在车站站台接发列车的过程中陆续处理了三种意外情况。请学生分角色演练此接发列车服务					
任务目的	能够掌握城市轨道交通接发列车服务的礼仪及方法,能够进行正确的接发列车服务,妥善处理乘客的不当行为,巩固对城市轨道交通接发列车服务礼仪的掌握					

一、资讯

1. 任务背景概述:张远是南京地铁1号线鼓楼站的一名站务员。某日,他在车站站台接发列车的过程中陆续处理了三种意外情况。他凭借扎实的专业知识、高超的业务水平以及恰如其分的服务礼仪圆满地完成了列车接发工作。

2. 任务实施要点:

1)站务员在进行接发列车服务时,应执行"_____"的作业程序。

2)列车进站前1min,站务员应站在_____,目光_____,确认_____,监视站台候车乘客,呼唤:"_____。"列车头部接近站台时,_____,面向_____方向,伸臂手指接车线路尽头,观察列车进站过程,确认_____。

3)列车车头越过接车站务员后,站务员_____,待列车在规定位置停稳后,站务员_____,巡视候车乘客,呼唤:"_____。"

4)列车起动,尾部越过站务员接车位置后,站务员应_____,目送列车,监视列车运行。

5)当发现乘客站在黄色安全线以外候车时,站务员应_____,提醒乘客_____,并向乘客说明:"_____。"

6)当发现乘客企图冲上正在关门动作中的列车时,站务员应_____,注意要避免和乘客有直接接触,并有礼貌地提醒乘客:"_____。"

7)当发现乘客手扶或倚靠站台门时,站务员应及时走近或用手提广播提醒:"_____。"

二、计划与决策

根据任务背景概述和任务要求,将学生划分成若干小组,确定任务实施所需要用到的设备、仪器及工具,并对小组成员进行合理的角色分配,制订详细的角色演练实施计划。

1. 需要用到的设备、仪器及工具。

2. 小组划分及小组成员角色分配。

3. 角色演练实施计划。

三、实施

张远是南京地铁1号线鼓楼站的一名站务员。某日，他像往常一样在站台负责接发列车的工作。张远在车站工作3年多了，他把"一看、二接、三送"的接发列车作业程序熟记在心。

列车进站前，张远就已经站在了安全线内的规定接车位置等候接车，他面向列车进站方向，目光左右巡视，一遍遍地确认线路情况，确保线路无障碍。站台上候车的乘客很多，张远目光左右巡视着，不断地引导乘客在安全线内候车："各位乘客，为了您和他人的安全，请站在黄色候车线内候车，谢谢配合。"

当列车头部接近站台时，张远转体90°面向列车。待列车停稳后，他认真地注视着车门的开启情况及乘客上下车情况，并不断地提醒着："各位乘客，请先下后上，有序排队上车。"等待乘客上下车完毕后，车门即将关闭时，他仔细巡视着有无抢上抢下的人员。车门关闭后，张远向后退一步，伸出左臂手指第一个车门、站台门并向后逐一确认双门关闭状态，直至确认最后一个车门、站台门已关闭且无异常情况。

情况一切正常，列车启动时，张远不忘注意列车动态及站台情况。当列车尾部经过接车位置时，他转体90°，面向列车出站方向，目送列车出站。当列车尾部越过出站信号机时，他伸出右臂手指列车尾部，确认列车运行正常，无异常情况。

当遇到有乘客站在黄色安全线以外候车的情况时，张远会及时走上前去，劝阻乘客的不安全行为，提醒乘客注意乘车安全，并向乘客说明："为了您及行车的安全，请您站在黄色安全线以内候车，感谢您的配合。"

当发现有乘客企图冲上正在关门的列车时，张远行动迅速果断，及时上前劝阻，并有礼貌地提醒乘客："列车即将关门，为了您和他人的安全，请勿靠近车门。下一班次列车将于3min后进站，请您耐心等待下一班次列车，感谢您的配合。"

当有乘客手扶或倚靠站台门时，张远也会及时走近或用手提广播提醒："乘客您好，为了您的安全，请勿手扶或倚靠站台门，感谢您的配合。"

每天，这样的接发列车作业他都要重复多次，但每次都一丝不苟地认真完成。他说："保障列车运行秩序和乘客乘车安全是我们的责任。"

四、检查

任务完成后，做如下检查：
1. 是否按照接发列车服务流程操作：_____。

2. 是否注意接发列车服务礼仪规范：_____。
3. 演练过程是否存在明显的问题：_____。
4. 仪器、设备及工具的使用是否规范，场地是否恢复：_____。

五、通过案例分析，写出你的感想

1) _____
2) _____
3) _____

六、评估

1. 项目评价。

<table>
<tr><td colspan="4">评价表</td></tr>
<tr><td>项目</td><td>评价指标</td><td>自评</td><td>互评</td></tr>
<tr><td rowspan="3">专业技能</td><td>掌握接发列车服务的礼仪和方法</td><td>□合格 □不合格</td><td>□合格 □不合格</td></tr>
<tr><td>按要求完成接发列车服务的实施</td><td>□合格 □不合格</td><td>□合格 □不合格</td></tr>
<tr><td>完整填写工作页</td><td>□合格 □不合格</td><td>□合格 □不合格</td></tr>
<tr><td rowspan="3">工作态度</td><td>着装规范，举止大方，话术得体，符合职业要求</td><td>□合格 □不合格</td><td>□合格 □不合格</td></tr>
<tr><td>正确查阅相关材料</td><td>□合格 □不合格</td><td>□合格 □不合格</td></tr>
<tr><td>分工明确，配合默契</td><td>□合格 □不合格</td><td>□合格 □不合格</td></tr>
<tr><td>教师评价</td><td>教师签字
　　　年　月　日</td><td colspan="2">成绩
□合格　□不合格</td></tr>
</table>

2. 请根据自己的任务完成情况，对自己的工作进行自我评估，并提出改进意见。

1) _____
2) _____
3) _____